Manuel de base
Formation des leaders

Catalogage avant publication de Bibliothèque et Archives nationales du Québec et Bibliothèque et Archives Canada

Perini, Pigi, 1929-

Manuel de base : formation des leaders

En tête du titre: Le système des cellules paroissiales d'évangélisation.
Comprend des réf. bibliogr. et un index.

ISBN 978-2-9810575-4-9

1. Évangélisation. 2. Cellules paroissiales d'évangélisation. 3. Chefs religieux - Formation.
4. Prédicateurs - Formation. 5. Leadership chrétien. I. Titre.

BV3793.P47 2011 269'.2 C2010-942774-2

Autorisation ecclésiastique :

Imprimatur : † Gérald Cyprien Lacroix, évêque auxiliaire de Québec,
Administrateur diocésain, 17 janvier 2011.

Nihil obstat : Jean Pelletier, prêtre, p. h., chancelier,
17 janvier 2011.

Manuel de base
Formation des leaders

Piergiorgio Perini

Éditions Néhémie

Dépôt légal :
Bibliothèque et Archives Nationales du Québec, 2011
Bibliothèque et Archives Canada, 2011

ISBN : 978-2-9810575-4-9

Titre original italien :
Corso Leader. Manuale di evangelizzazione delle cellule parrochiali.
PAOLINE Editoriale Libri

Via Francesco Albani, 21 – 20149 Milano

L'adaptation et la traduction françaises du manuel italien ont été faites
par l'Association Cellules-France avec l'autorisation de l'auteur Piergiorgio Perini

Mise en page et couverture : René Déry, graphiste

Éditions Néhémie
11 165, rue Saint-Alphonse
Québec, QC, Canada
G2A 2C3
www.editionsnehemie.org

Distribution :

Québec
commande@editionsnehemie.org
www.editionsnehemie.org

Europe francophone
AVM Diffusion - B.P. 49
71601 Paray-le-Monial cedex
Tél. : 03 85 81 95 95
Télec. : 03 85 81 95 96
www.librairie-emmanuel.fr

SOMMAIRE

ABRÉVIATIONS

AA Apostolicam Actuositatem
Décret du concile Vatican II sur l'apostolat des laïcs (1965).

CEI Conférence Épiscopale Italienne.

CFL Christi Fideles Laici
Exhortation apostolique post-synodale de Jean-Paul II sur la vocation et la mission des laïcs dans l'Église et dans le monde (1988).

CT Catechesi Tradendae
Exhortation apostolique post-synodale de Jean-Paul II sur la catéchèse en notre temps (1979).

DCE Deus Caritas Est
Lettre encyclique de Benoît XVI sur l'amour chrétien (2005).

EE Ecclesia de Eucharistia
Lettre encyclique de Jean-Paul II sur l'eucharistie dans son rapport avec l'Église (2003).

EN Evangelii Nuntiandi
Exhortation apostolique de Paul VI sur l'évangélisation dans le monde moderne (1975).

LG Lumen Gentium
Constitution dogmatique du concile Vatican II sur l'Église (1964).

NMI Novo Millennio Ineunte
Lettre apostolique de Jean-Paul II au terme du grand Jubilé de l'an 2000 (2001).

PDV Pastores Dabo Vobis
Exhortation apostolique post-synodale de Jean-Paul II sur la formation des prêtres dans les circonstances actuelles (1992).

PO Presbyterorum Ordinis
Décret du concile Vatican II sur le ministère et la vie des prêtres (1965).

RM Redemptoris Missio
Lettre encyclique de Jean-Paul II sur la valeur permanente du précepte missionnaire (1990).

SAC Sacramentum Caritatis
Exhortation apostolique post-synodale de Benoît XVI sur l'eucharistie source et sommet de la vie et de la mission de l'Église (2007).

SC Sacrosanctum Concilium
Constitution du concile Vatican II sur la sainte liturgie (1963).

TMA Tertio Millennio Adveniente
Lettre apostolique de Jean-Paul II sur la préparation du Jubilé de l'an 2000 (1994).

TÉMOIGNAGE DE DON PIERGIORGIO PERINI

Il n'est pas possible qu'un prêtre se contente uniquement de la présence dominicale de ses fidèles, même s'ils sont nombreux, car le Seigneur nous envoie, non pas vers un grand nombre, mais dans le monde entier :

Allez dans le monde entier,
proclamez l'Évangile à toutes les créatures.
(Mc 16, 15)

L'engagement à l'évangélisation doit devenir d'autant plus urgent et précis que le pourcentage de pratiquants est très faible, voire négligeable. Paul VI prit conscience de cette nécessité, quand, en 1975, il affirmait :

L'Église existe pour évangéliser.
(EN §-14)

Dans ce contexte, il a tracé pour toute l'Église une ligne d'engagement dans ce qui, à ce moment-là, ne s'appelait pas encore la « nouvelle évangélisation ». C'est Jean-Paul II qui, un peu plus tard, en 1979 à Nova Huta en Pologne, employa cette expression. La manière décisive et convaincante dont Paul VI a défini le but de l'Église, nous oblige à nous interroger et à remettre complètement en question nos activités pastorales.

Nous ne pourrons considérer ces activités comme positives et conformes à la finalité même de l'Église que si elles sont orientées vers l'évangélisation, c'est-à-dire en direction de ceux qui n'ont jamais entendu parler de Jésus Christ ou ont perdu leur identité de foi et de pratique chrétienne. Il s'agit de mettre en oeuvre, selon les indications des papes et des enseignements de l'Église, la valeur de l'annonce kérygmatique : une annonce capable de toucher en profondeur le coeur, la vie et la sensibilité de l'homme d'aujourd'hui, avec la proposition forte, claire et sans équivoque de Jésus comme unique Sauveur. C'est cette annonce dont il est question dans le livre des Actes des Apôtres :

Le cœur bouleversé d'entendre ces paroles, ils demandèrent à Pierre et aux autres apôtres : « Que ferons-nous, frères ? » Pierre leur répondit : « Convertissez-vous : que chacun de vous reçoive le baptême au nom de Jésus-Christ pour le pardon de ses péchés, et vous recevrez le don du Saint Esprit. Car c'est à vous qu'est destinée la promesse, et à vos enfants, ainsi qu'à tous ceux qui sont au loin, aussi nombreux que le Seigneur notre Dieu les appellera. (Ac 2, 37-39)

Le changement du cœur de ces gens, leur conversion, trouve sa justification dans l'annonce courageuse de Pierre. Il leur parla de Jésus, résumant son histoire en quelques mots dont le point culminant fut :

Ce Jésus, Dieu l'a ressuscité, nous tous en sommes témoins. Exalté par la droite de Dieu, il a donc reçu du Père l'Esprit Saint promis et il l'a répandu, comme vous le voyez et l'entendez [...] Que toute la maison d'Israël le sache avec certitude : Dieu l'a fait et Seigneur et Christ, ce Jésus que vous, vous avez crucifié. (Ac 2, 32-33.36)

L'homme moderne, même inconsciemment, a besoin de rencontrer ce Jésus mort par amour pour lui et qui, en ressuscitant, lui a ouvert les portes d'une espérance éternelle. L'Église est redevable au monde de cette proclamation du salut, qui, à travers les activités des paroisses, peut et doit parvenir à toute l'humanité.

Les conclusions tirées de ces observations exigent, dans de nombreux cas, de la part du pasteur, un changement de mentalité qui le porte à faire des choix peut-être jamais faits ou inattendus, favorisant en lui ce qu'on pourrait appeler une « conversion ». En d'autres termes, le pasteur doit tenir compte, dans l'exercice de son ministère, de la réalité dans laquelle sont plongés les gens qui subissent la souffrance découlant de la mentalité actuelle.

Ces considérations étaient présentes dans ma vie, mais elles n'étaient pas suffisantes pour me décider à faire concrètement ces choix et à les mettre en pratique. Parmi les nombreuses raisons de mon échec, il me fallait admettre un certain amour pour la vie tranquille et la peur de m'aventurer dans de nouvelles expériences qui pouvaient avoir un goût d'originalité. L'exhortation apostolique de Paul VI Evangelii nuntiandi a été pour moi, depuis 1975, l'occasion d'une forte remise en question et d'un examen sérieux de mon ministère de curé. Toutefois, n'ayant pas sous les yeux, pour m'encourager, des modèles à imiter, j'ai poursuivi, même à contrecœur, avec les mêmes perspectives, méthodologies et aspirations que précédemment. Je manquais de vision prophétique. Cet échec aurait pu être le prélude d'une crise d'identité susceptible de compromettre ma vocation de prêtre, tout comme cela s'est produit, à l'époque, pour plusieurs de mes frères.

La rencontre avec une paroisse renouvelée par l'ardeur missionnaire

Le Seigneur vint à ma rencontre à travers un vieux prêtre canadien, le père Valérien Gaudet, o.m.i, qui, en juin 1986, me montra un article d'une revue américaine, intitulé « Paroisse en flammes ».

Il racontait l'histoire d'une paroisse catholique en Floride, plus précisément celle de Saint-Boniface à Pembroke Pines, où le pasteur, le révérend Michael Eivers, avait adopté une méthode d'évangélisation provenant d'une expérience pentecôtiste coréenne, dénommée Système des cellules d'évangélisation.

La lecture de l'article était fascinante et stimulante ; il donnait l'image d'une paroisse très dynamique qui savait faire des propositions à ses fidèles et les soutenir dans un engagement actif d'évangélisation au cœur de la vie quotidienne, en leur permettant d'être, selon la parole évangélique, lumière du monde et sel de la terre. (cf. Mt 5, 13-16)

Dans la paroisse de Saint-Boniface, je voyais se réaliser les indications que le pape Jean-Paul II avait données à l'Église, à plusieurs reprises, en déclarant : « Le monde a besoin d'une nouvelle évangélisation » (Nova Huta, 1979), ajoutant plus tard qu'elle : « doit être nouvelle dans son ardeur, nouvelle dans ses méthodes et nouvelle dans son expression » (Conférence épiscopale latino-américaine - CELAM, Haïti, 1983).

Il s'agissait donc d'une invitation à une nouveauté radicale, qui ne pouvait être exprimée par le terme « ré-évangélisation », puisque ce terme contenait la notion de répétition de la manière précédente d'évangéliser. La proposition du pape demandait un nouvel enthousiasme, des méthodes nouvelles et efficaces et de nouvelles expressions pour transmettre le contenu même de l'évangélisation : l'annonce kérygmatique du Christ, comme Sauveur unique et universel. Cela allait à l'encontre de la mentalité, alors déjà très présente, qui considérait comme suffisante la référence générique à une entité supérieure, laquelle ne permettait pas nécessairement d'identifier le Seigneur Jésus.

La lecture de cet article m'a beaucoup surpris et j'ai décidé d'organiser un voyage avec le Père Gaudet à Saint-Boniface, en novembre 1986. J'ai d'abord fait part de mon désir à l'évêque de Milan, le cardinal Carlo Maria Martini, décidé à ne pas faire un pas, même par la suite, sans l'approbation et la bénédiction de celui qui avait la responsabilité de la conduite pastorale du diocèse. La réponse fut des plus encourageantes. S'ensuivit plus tard une invitation du cardinal au recteur du Séminaire de théologie de Milan, Don Giorgio Riva, pour accompagner trois de mes paroissiens à un séminaire international sur les Cellules Paroissiales d'Evangélisation, à Saint-Boniface, en février 1987.

Ainsi, sommes-nous partis, le Père Valérien et moi, pour la Floride, et notre étonnement fut encore plus grand en découvrant que la réalité dépassait la description de l'article : nous avons vraiment rencontré une paroisse en flammes, renouvelée par l'Esprit Saint, pleinement engagée dans l'annonce de Jésus, ouverte à la rencontre et à la compréhension de tous ceux qui, pour une raison quelconque, s'étaient éloignés. Je vis que cette communauté, à travers les cellules paroissiales d'évangélisation, était en mesure de conjuguer foi et raison, en ce sens qu'on attendait tout de Dieu, mais après avoir assumé consciencieusement et raisonnablement le devoir de se mettre au service des frères éloignés. Ainsi, ces derniers représentaient-ils un potentiel de croissance pour les cellules et pour la communauté.

Une vision positive s'instaurait donnant lieu à un engagement courageux et nouveau fondé sur le grand mandat que Jésus ressuscité, avant de monter vers le Père, a laissé aux hommes :

Allez donc : de toutes les nations faites des disciples,
les baptisant au nom du Père et du Fils et du Saint Esprit.
(Mt 28, 19)

De l'adoration eucharistique à la nouvelle évangélisation

Ainsi, de retour d'Amérique, j'ai cherché à transposer, dans ma réalité italienne et milanaise, l'expérience que j'avais vécue et connue. Au début, je reçus, dans ma paroisse, un accueil certes affectueux, mais aussi un peu moqueur. Les gens disaient : « Don PiGi est devenu fou. » Peut-être ont-ils vu mon visage plus souriant que d'habitude, m'ont-ils entendu parler « d'évangélisation » de façon enthousiaste et positive comme jamais auparavant. Une nouvelle perspective s'était ouverte, en effet. En contraste avec la réalité assez décevante de la société dans laquelle on vivait à l'époque, elle offrait une alternative claire pour un engagement très positif, œuvre de l'Esprit Saint, comme j'avais pu le voir en Floride.

Quelque chose, en effet, m'avait retourné : j'étais convaincu que mon ministère sacerdotal devait s'orienter vers l'évangélisation, que je devais avoir une vision différente de la paroisse. C'est pourquoi, il était très important de se tourner vers ceux qui n'étaient pas présents dans l'Église, qui ne fréquentaient pas la paroisse. C'était une perspective complètement nouvelle : avant, j'étais habitué à compter les gens présents et j'étais satisfait si leur nombre augmentait ; cependant, après l'expérience vécue en Floride, je sentais monter en moi, face à la multitude des absents, un désir profond de les approcher, d'aller jusqu'à eux : c'était l'engagement d'évangélisation qui commençait à porter ses fruits. Le cœur du pasteur s'ouvrait ainsi à l'invitation de Jésus de prendre soin de tout son troupeau.

Le 11 novembre 1986, au cours d'une réunion du Conseil pastoral de la paroisse et en présence du Vicaire général du diocèse, Mgr Renato Corti, j'informai le Conseil de l'expérience vécue. À cette occasion, il fut décidé d'y associer la communauté paroissiale, au mois de janvier 1987, à travers une assemblée générale.

Elle réunit environ 200 paroissiens, et, durant cette rencontre, il fut décidé collégialement de lancer l'expérience à partir d'un point incontournable : l'adoration eucharistique. De fait, à Saint-Boniface, tout le processus des cellules était fondé sur l'adoration eucharistique. L'initiative eut immédiatement un énorme succès. Le cœur de l'homme, en apparence sec et fermé à la transcendance, pouvait retrouver, à travers l'adoration, un des fondements de la tradition chrétienne, en contraste avec l'invasion du relativisme et du subjectivisme qui constituent un obstacle à la reconnaissance du Christ comme seul Sauveur, et provoquent, en réponse à une telle annonce, un sentiment d'intolérance et d'arrogance.

Nous parvenions ainsi à proposer un objectif fixe qui répondait à un besoin de références sûres, spirituelles et durables.

Un souffle de vie nouvelle a touché la communauté et lui a fait redécouvrir son identité la plus profonde, sa mission fondamentale : « Proclamer la Bonne Nouvelle : Jésus, le seul salut possible pour l'homme. »

Le cardinal Paul Poupard a dit, en 2004 : « Que doit faire l'Église et nous catholiques pour relever le défi de la nouvelle évangélisation dans le monde moderne, où de nombreux non-croyants nous entourent ? Nous devons avant tout PRIER ».

En attendant, nous avions démarré, entre nous, l'expérience des cellules paroissiales d'évangélisation. C'était en avril 1987, quand un groupe de 42 membres de la paroisse que j'avais choisis lors d'une nuit de prière, assista, pendant six semaines, au parcours de formation pour leader de cellule, en utilisant un manuel de formation semblable à celui-ci. À la fin du parcours, quatre cellules provisoires furent mises en place, ce qui permit de passer de la théorie à la pratique en apprenant, à de futurs leaders, à conduire un petit groupe, la cellule évangélisatrice.

Il s'agissait de méthodes nouvelles et dynamiques adaptées pour valoriser la présence de tous ceux qui allaient participer à des rencontres de cellule. Arriva le moment où l'expérience fut ouverte à toute la communauté paroissiale. Les adhésions recueillies au cours de la célébration eucharistique des 7 et 14 février 1988 permirent de composer 15 cellules qui, en évangélisant, commencèrent à croître et à se multiplier jusqu'à atteindre le nombre actuel de 140 cellules.

La communauté avait redécouvert l'expérience enthousiaste et dynamique de l'Église primitive, comme cela est décrit dans le livre des Actes des Apôtres :

Et le Seigneur adjoignait chaque jour à la communauté ceux qui trouvaient le salut.
(Ac 2, 47)

Un géant à réveiller et son oïkos à redécouvrir

La méthodologie que vous trouverez dans ce volume est basée sur deux convictions :

***La première** est que la paroisse a besoin d'une forte secousse pour sortir de la torpeur dans laquelle elle est généralement tombée. Précisément à cause de cela, Jean Paul II parle du « renouveau de la paroisse » *(cf. CFL §-34)*.

Le cardinal George Basil Hume dit, à ce sujet, dans une expression audacieuse et parlante : « La paroisse est un géant endormi. »

En fait, la paroisse ressemble souvent à un gros ours entré en hibernation, à un gros corps assoupi, dans lequel le sang circule au ralenti et ne peut donc plus en atteindre les extrémités. Pourtant, en remplissant plus ou moins sa mission, la paroisse demeure le lieu de l'incarnation du divin, l'élément stable de l'évangélisation.

Il est nécessaire de la réveiller. Aujourd'hui plus que jamais, la paroisse doit devenir consciente de sa mission d'évangélisation. Le curé, sensible à la mission confiée par le Christ, doit, à son tour, impliquer la composante laïque du peuple de Dieu : les laïcs doivent devenir co-responsables dans la conduite pastorale de la paroisse, et surtout dans le projet de la nouvelle évangélisation.

* **La deuxième conviction** se trouve dans les paroles de Jésus quand il dit :

En chemin, proclamez que le Règne des cieux s'est approché.
(Mt 10, 7)

Jésus nous suggère donc de ne pas attendre que les plus éloignés se rapprochent et de ne pas aller nécessairement les chercher qui sait où ! Il nous invite à évangéliser chemin faisant, c'est-à-dire là même où nous vivons et travaillons dans le monde.

Une des intuitions caractéristiques du système des cellules est que, grâce à cette méthode, nous sommes invités à nous occuper des personnes que nous rencontrons chaque jour, en particulier de celles qui sont les plus éloignées de Dieu. C'est aussi une proposition de l'Évangile, celle de Jésus à l'homme de Gérasa, à peine libéré de l'esprit impur ; quand il demande à le suivre, Jésus ne répond pas à sa demande, mais il lui demande :

Va dans ta maison auprès des tiens
et rapporte-leur tout ce que le Seigneur a fait pour toi dans sa miséricorde.
(Mc 5, 19)

Le changement de mentalité du prêtre entraîne également un changement d'orientation pastorale. Si, auparavant, son attention était tournée vers ceux qui fréquentaient déjà l'Église, il est amené, dans la logique de la nouvelle évangélisation, à considérer différemment ceux qui sont loin : comme ils représentent le potentiel de croissance de la communauté, il s'applique à les ramener, sans s'arrêter à leur conversion, mais en les aidant à passer de l'état d'évangélisé à celui d'évangélisateur.

Si vous décidez d'œuvrer réellement pour le Royaume de Dieu, il vous faut travailler pour l'avenir avec patience, obstination, prêts à recommencer après chaque échec, chaque chute, chaque égarement. Les choix pastoraux, toujours nouveaux, parfois contradictoires, à la recherche obsessionnelle de la nouveauté (« Viendra un temps, en effet, où certains ne supporteront plus la saine doctrine, mais, au gré de leurs propres désirs et l'oreille leur démangeant, s'entoureront de quantité de maîtres » *2 Tm 4, 3*) ne peuvent pas faire l'impasse de la finalité de l'Église :

« L'Église existe pour évangéliser. »
(EN §-14).

À travers cette nouvelle prise de conscience, j'ai aussi réalisé que mes efforts seuls n'étaient pas suffisants. Il m'était impossible, à moi prêtre, d'aller vers tous, et il était surtout difficile de rejoindre les frères là où ils vivaient au quotidien : travail, école, famille, lieu d'habitation... Jusque là, j'étais habitué à m'en référer à moi-même et à un nombre restreint de collaborateurs pour organiser l'apostolat et l'annonce, mais ceci trahissait en moi et dans ma formation une mentalité non habituée à valoriser le baptême, qui, à différents niveaux, nous rend tous prêtres, prophètes et rois dans le Christ *(cf. 1 P 2, 9)*.

J'ai dû, en d'autres termes, opter en faveur d'une Église qui soit bien plus ecclésiale que cléricale ; je devais me fier et me confier à l'œuvre de l'Esprit Saint, en m'ouvrant à ses dons, promis aussi aux laïcs. Il s'agissait avant tout de préparer les laïcs à prendre en charge ce devoir de responsabilité afin qu'ils soient capables d'orienter leur vie vers la diffusion du Royaume de Dieu et cet avenir où Dieu est tout en tous (cf. 1 Co 15, 28).

L'engagement d'évangélisation devint un engagement plein d'espérance, la cellule devint le modèle d'une vie orientée vers l'avenir.

La responsabilité des laïcs et la prolifération des cellules d'évangélisation

Un nouvel horizon se profilait : les laïcs devaient passer du rôle de « collaborateurs », bien que précieux, à celui d'authentiques « co-responsables » ; ainsi, ceux qui avaient déjà fait une expérience de Jésus, ceux qui l'avaient déjà rencontré, étaient motivés et valorisés au nom du baptême par lequel ils étaient devenus enfants de Dieu et frères du Christ.

Il était essentiel de leur faire redécouvrir leur vocation commune à l'évangélisation. Cela permettait au curé de se sentir toujours soutenu par les laïcs mêmes, devenus co-responsables, dans les moments de doute, d'incertitude et de désespoir.

Ainsi était-il possible de créer une communauté strictement fondée sur l'unité du Corps mystique du Christ, source de nouveaux dons de la grâce de Dieu.

Les cellules représentent une véritable opportunité pour l'évangélisation, et plus encore, une expérience vive et vitale de mise en œuvre du mandat de Jésus pour évangéliser au niveau de la paroisse, sans porter atteinte à sa structure traditionnelle, mais en la renouvelant de l'intérieur et en motivant fortement les laïcs dans cette direction. Ainsi, dans la communauté paroissiale peuvent cohabiter associations, mouvements, groupes nouveaux et traditionnels, qui sont toutefois invités à orienter leur mission dans le sens de l'évangélisation, sans que le charisme et la spécificité de chacun en soient affectés.

Beaucoup de paroisses en Italie ont adopté cette méthode d'évangélisation (avec plus de 1500 cellules), mais l'expérience n'est pas seulement italienne, puisque les cellules sont présentes et développées en France, Suisse, Belgique, Danemark, Angleterre, Malte, Irlande, Luxembourg, Pays-Bas, Allemagne, Suède, Lettonie, Pologne, Europe orientale, et même Etats-Unis, Venezuela, Mexique, Brésil, Canada, Singapour, Corée, Nouvelle-Calédonie, Fidji, Australie, Afrique du Sud, Gabon, Kenya, Liban.

L'effort pour annoncer l'Évangile à travers les cellules d'évangélisation fait refleurir la vie de nombreuses paroisses ; c'est l'Esprit Saint qui travaille pour atteindre ces caractéristiques spécifiques : transformer les communautés en les rendant vives et dynamiques dans le Christ.

Afin de coordonner cette réalité multiforme, un Forum international (constitué des représentants régionaux et nationaux) se réunit régulièrement depuis 1998.

Depuis 1990, la paroisse Sant'Eustorgio organise un Séminaire international sur le système des cellules paroissiales d'évangélisation. Jusqu'en 2007, près de 7000 personnes venant du monde entier l'ont suivi, comptant parmi elles des prêtres, des consacrés et des laïcs engagés, y compris de nombreuses familles.

Les Cellules paroissiales d'évangélisation représentent donc, depuis 1987, une forme concrète du renouvellement de la vie paroissiale – et, dans certains cas, de la vie du diocèse –, orientée vers la reconnaissance de Jésus comme Sauveur unique et universel à laquelle chaque baptisé doit répondre par son engagement dans l'évangélisation. Cette méthode trouve sa justification dans sa capacité à promouvoir la nouvelle évangélisation, conformément aux invitations répétées de l'Église universelle et des Églises particulières, et à transformer l'Église de « géant endormi » en « paroisse en flammes. »

Don Piergiorgio Perini
Curé de la Paroisse de Sant'Eustorgio à Milan

AU COMMENCEMENT, ÉTAIENT LES CELLULES

Bref regard théologique sur la genèse et les fondements des Cellules paroissiales d'évangélisation

Préface de l'abbé Mario Saint-Pierre

SOMMAIRE

Les quatre piliers du SCPÉ :
1- L'Esprit Saint, agent principal de l'évangélisation
2- L'adoration eucharistique
3- La communion des Églises soeurs
4- Evangelii Nuntiandi (Paul VI)

Les trois sources évangéliques :
1- Le mouvement pour la croissance de l'Église (Church Growth)
2- Le mouvement pour les Églises cellulaires (Cell Church Movement)
3- Le concept novateur de la formation de disciples (Discipleship) dans la perspective de la croissance et de la multiplication

Les trois défis :
1- L'évangélisation relationnelle de l'oïkos
2- La reconnaissance ecclésiale de la cellule
3- La formation des leaders dans une perspective de multiplication

Les trois niveaux d'intégration :
1- L'intégration cellulaire
2- L'intégration ecclésiale
3- L'intégration pastorale

Il est indéniable que le projet pastoral du « Système des Cellules Paroissiales d'Évangélisation » (SCPÉ) offre une vision globale, structurée et organique permettant une évangélisation féconde pour le renouvellement des communautés ecclésiales dans l'esprit du Concile Vatican II. Ce projet pastoral est une grâce de Dieu, un don de l'Esprit Saint pour aider l'Église d'aujourd'hui à vivre ce que le vénéré pape Jean-Paul II a appelé la « nouvelle évangélisation ». En vertu de mon engagement pastoral et théologique au service de l'évangélisation, il m'est demandé de présenter une réflexion d'ensemble sur le SCPÉ tel que nous le retrouvons exposé dans ce document intitulé « Manuel de base. Formation des leaders » (MB).

Ce regard théologique ne pourra être que global à travers quatre thèmes que nous considérons comme essentiels à une juste compréhension de cette approche évangélisatrice nouvelle et novatrice. Dans un premier temps, nous présenterons très brièvement les quatre piliers du SCPÉ qui offrent une perspective d'ensemble nous introduisant au MB. Le SCPÉ s'appuie fortement sur ces quatre piliers ; bien qu'ils ne soient pas formellement présentés dans le MB, ils sont pourtant implicites et nécessaires à une juste compréhension du SCPÉ. Dans un deuxième temps, nous identifierons les trois sources évangéliques qui ont permis de développer une méthode d'évangélisation cohérente. Dans un troisième temps, nous aborderons la question des trois grands défis du SCPÉ. Un pasteur qui s'engage sur ce chemin du SCPÉ doit être pleinement conscient de ce triple défi qui permet une réelle fécondité de l'expérience cellulaire : 1- l'évangélisation relationnelle de l'oïkos, 2- la reconnaissance de la cellule comme unité ecclésiale de base, 3- la formation des leaders dans une perspective de multiplication. Ces trois défis nous poussent à exprimer, dès le départ, la conviction que le SCPÉ n'est pas un mouvement parmi d'autres qui s'ajoute à un ensemble d'activités, de services ou de groupes existant déjà au sein de la paroisse. Le SCPÉ est bel et bien un « système organique » qui tend à renouveler l'évangélisation dans toutes les dimensions de la vie paroissiale. Dans un quatrième temps, puisque nous affirmons que le SCPÉ est un « système organique », nous approfondirons le dynamisme de « l'intégration » selon trois niveaux ecclésiologiques. Nous parlerons de l'intégration : 1- cellulaire, 2- ecclésiale et 3- pastorale. Du point de vue de la théologie pastorale de l'évangélisation, cette réflexion sur les trois défis et les trois niveaux d'intégration permettra de définir avec clarté et précision ce qu'est une « cellule » et de comprendre sa fonction au sein de l'Église, tout cela afin de mieux saisir le rôle essentiel et fondamental du pasteur au sein du SCPÉ.

LES QUATRES PILIERS

Premier pilier : l'Esprit Saint, agent principal de l'évangélisation.

Le MB parle explicitement de la présence essentielle et de l'action vitale de l'Esprit Saint. Mais il faut bien comprendre que l'Esprit Saint n'a pas qu'un rôle instrumental dans le dynamisme de l'évangélisation. Il est tout aussi profondément au coeur de la vie de la communauté. L'Esprit Saint est, non seulement « l'agent principal de l'évangélisation » (EN §-75), mais aussi l'âme d'une communauté évangélisatrice. Et c'est ainsi que les communautés paroissiales qui expérimentent l'évangélisation par les cellules voient la présence de l'Esprit Saint à toutes les dimensions de la vie chrétienne, communautaire et sacramentelle. Il est à la source de tous les charismes qui construisent le corps ecclésial. Il est le lien de charité. Il accorde la grâce de vivre l'évangélisation avec zèle et assurance (parrhèsia) pour la formation des disciples et la croissance de l'Église. Même si la pneumatologie n'est pas formellement et pleinement développée dans le MB, elle est partout présente et surtout elle est vécue et expérimentée par la communauté qui s'engage sur ce chemin d'évangélisation.

Deuxième pilier : l'adoration eucharistique.

Les pères évêques ont exprimé au concile Vatican II, dans le décret Presbyterorum Ordinis sur la vie et le ministère des prêtres, cette conviction magnifique : « l'eucharistie est la source et le sommet de toute l'évangélisation » (PO §-5). Puisque l'adoration se situe dans le prolongement de la célébration eucharistique, il est important, pour ceux qui sont engagés dans l'expérience de l'évangélisation, de vivre cette relation personnelle avec le Christ, Sauveur et Seigneur. Il est « le tout premier et le plus grand évangélisateur » (EN §-7). Dans l'adoration eucharistique, l'évangélisateur se laisse transformer pour devenir un apôtre au cœur de feu. Du coeur eucharistique de Jésus ressuscité, il peut réentendre les paroles prononcées sur la montagne de Galilée : « Je suis avec vous tous les jours… », qui complètent le mandat missionnaire : « Allez donc, de toutes les nations, faites des disciples… » (Mt 28, 19-20).

L'adorateur-évangélisateur reçoit un coeur embrasé d'amour pour le salut de ses frères et soeurs, la conviction et la détermination nécessaires pour réaliser et accomplir le mandat missionnaire du Christ ressuscité. Dans la présente version du MB, cette réalité est mieux intégrée. On doit la considérer comme une dimension essentielle, un pilier pour la fécondité de l'évangélisation au sein de l'oïkos, la formation des disciples et des leaders, la multiplication des cellules et le renouvellement de la communauté ecclésiale. L'œuvre d'évangélisation ne pouvant se vivre que dans le dynamisme de la grâce, il sera plus facile pour l'adorateur-évangélisateur de s'approprier l'affirmation de l'apôtre des nations qui résume sa mission : « rendre témoignage à l'Évangile de la grâce de Dieu » (Ac 20, 24).

Troisième pilier : la communion des Églises soeurs.

Tandis que la paroisse déploie un filet ou un réseau de cellules pour atteindre les différentes couches de la population, les Églises soeurs engagées dans le SCPÉ s'ouvrent à des relations fraternelles de formation et de service. Elles forment un réseau de communion. C'est ainsi que certaines communautés vivant des expériences fortes et originales dans la ligne de l'évangélisation s'interpellent mutuellement pour une fécondité plus grande. Ces témoignages réciproques d'expériences et de formations à travers sessions, séminaires, etc. (mais aussi à travers des liens informels), ne font qu'accroître la « spiritualité de communion » (NMI §-43-45) nécessaire à une authentique évangélisation. Nous sommes redevables à ces communautés et pasteurs d'avoir accueilli l'appel et le service de maintenir ce réseau de relations pour le plus grand bien des communautés paroissiales engagées dans le SCPÉ. La « spiritualité de communion », décrite par Jean-Paul II dans Novo Millennio Ineunte, est en quelque sorte rendue visible par ces paroisses qui désirent maintenir des relations étroites de partage et de témoignage.

Quatrième pilier : la charte de la nouvelle évangélisation, Evangelii Nuntiandi (Paul VI).

Dix ans après le Concile Vatican II, Paul VI offre à l'Église universelle ce texte majeur, Evangelii Nuntiandi, que certains qualifient de « plus grand texte pontifical du XXe siècle ». Jean-Paul II affirmait que les bases de la nouvelle évangélisation ont été posées dans cette exhortation apostolique post-synodale (cf. TMA §-21). Le MB s'inspire largement de ce document fondamental, non pas seulement dans ses éléments particuliers, mais aussi dans son dynamisme théologique global et même dans sa définition intégrale de l'évangélisation (cf. EN, Chapitre 2 : « Qu'est-ce qu'évangéliser ? »). En effet, les pères du synode ont compris qu'une définition partielle ou exclusive, même si elle est valable en soi, ne peut satisfaire à une juste définition de l'évangélisation. Ils ont développé une méthodologie de l'intégration pour présenter une définition de l'évangélisation qui implique différentes étapes ou différents éléments essentiellement complémentaires et parfaitement intégrés dans un processus global permettant le développement et la croissance de la communauté. Cette présentation structurée, complète et organique est en quelque sorte respectée dans la vision globale du SCPÉ. Le schéma que nous présentons ci-dessous dans le tableau comparatif permet de comprendre jusqu'à quel point le SCPÉ respecte, dans ses grandes lignes et aussi à travers certaines particularités propres à sa méthodologie, le cadre général de cette vision du « processus intégral » d'évangélisation (EN §-24). Pour ceux qui s'initient à cette approche évangélisatrice, il est important de comprendre que cette structure globale correspond très bien à une théologie intégrale de l'évangélisation en tant que processus vital et essentiel pour la communauté ecclésiale. Le SCPÉ offre ainsi un outil pédagogique adapté à la situation contemporaine et fidèle à l'esprit du concile Vatican II pour aider les pasteurs à renouveler leur paroisse dans le dynamisme intégrateur d'une évangélisation intégrale. Ce quatrième pilier est donc un élément fondamental qui structure toute la pédagogie du SCPÉ. L'évidence du lien entre le processus d'évangélisation d'Evangelii Nuntiandi et celui du « Filet » nous permet de démontrer le caractère parfaitement ecclésial et ecclésiologique de cette proposition de renouveau que sont les CPÉ.

En lisant le schéma ci-dessous, du bas vers le haut, vous pourrez constater quatre caractéristiques importantes et convergentes:

1- Les deux colonnes, représentant respectivement un processus d'évangélisation (à gauche, celui selon Evangelii Nuntiandi et, à droite, celui de la vision du « Filet » proposée par les CPÉ), indiquent un mouvement similaire de progression et de croissance.
2- Chacun des processus d'évangélisation comporte des étapes ou éléments qui se développent selon un mouvement progressif.
3- L'enchaînement de ces étapes est parfaitement intégré dans un dynamisme d'interaction réciproque, non seulement dans la relation avec chacune des étapes, mais aussi dans le rapport entre chaque étape et l'ensemble du processus.
4- Les flèches indiquent un mouvement cyclique de croissance.

TABLEAU COMPARATIF

Evangelii nuntiandi (Chapitre 2)	Le processus d'évangélisation du SCPÉ
7- Le test ultime *(§-24)* L'évangélisé devient évangélisateur. Retour à la première étape. Le processus d'évangélisation est cyclique, progressif et toujours en croissance.	L'ÉGLISE : La paroisse, une communauté évangélisatrice et en croissance. Les cellules se multiplient.
↑ ↑ ↑ ↑ ↑ ↑	↑ ↑ ↑ ↑ ↑ ↑
6- L'accueil des signes *(§-23)* Le nouveau converti participe pleinement à la vie sacramentelle de l'Église.	Le système organique des CPÉ intègre chaque cellule au corps paroissial
↑ ↑ ↑ ↑ ↑	↑ ↑ ↑ ↑ ↑
5- L'entrée dans la communauté *(§-23)* La cellule est reconnue comme une communauté ecclésiale de base, lieu et source d'évangélisation *(EN §-58)*.	L'entrée en cellule
↑ ↑ ↑ ↑	↑ ↑ ↑ ↑
4- L'adhésion au Christ *(§-23)*	L'invitation
↑ ↑ ↑	↑ ↑ ↑
3- Le témoignage verbal *(§-22)*	Les explications Le partage
↑ ↑	↑ ↑
2- Le témoignage de vie *(§-21)*	Le service
↑	↑
1- Le renouveau de l'humanité ou le mandat missionnaire *(§-18-20)*	Oïkos – Prière Mandat missionnaire

LES TROIS SOURCES ÉVANGÉLIQUES

Après avoir brièvement exposé les quatre piliers du SCPÉ qui permettent de bien situer le contexte global dans lequel se situe le MB, il est important de présenter la problématique des sources d'inspiration. Nous avons déjà indiqué l'inspiration fondamentale du SCPÉ qui structure l'ensemble de son processus d'évangélisation : le quatrième pilier, Evangelii Nuntiandi. Cette vision globale et clairement « cath-holique » (selon la totalité) permet d'accueillir et même d'intégrer (avec sagesse, dans une perspective profondément oecuménique et selon des critères de discernement éprouvés par la théologie pastorale catholique) des éléments novateurs et originaux provenant des communautés évangéliques qui expérimentent de nouvelles approches d'évangélisation et favorisant une réelle croissance ecclésiale. Nous pouvons identifier trois influences majeures :

1- le mouvement pour la croissance de l'Église (Church Growth) ;

2- le mouvement pour les Églises cellulaires (Cell Church) ;

3- le concept novateur de la formation de disciples (Discipleship) dans la perspective de la croissance et de la multiplication.

Première source : le mouvement pour la croissance de l'Église.

Il est clair que le mouvement pour la croissance de l'Église (Church Growth Movement), né aux États-Unis dans les années 70, a largement influencé le SCPÉ, en particulier à travers ce qu'on appelle, dans le processus d'évangélisation, l'évangélisation de « l'oïkos ». Le mouvement pour la croissance de l'Église a fondé des instituts de recherche pour évaluer les différentes méthodes d'évangélisation et encourager la création de nouvelles approches qui favorisent le renouvellement et le développement des communautés chrétiennes. Il s'agissait de vérifier, avec l'aide et les outils de la sociologie, la valeur et l'efficacité des différentes méthodes d'évangélisation . On a vite découvert que la méthode qui assurait le plus de fécondité était l'évangélisation relationnelle ou l'évangélisation de l'oïkos (le friendship factor). Dans le SCPÉ, le MB privilégie, avec raison, cette approche qui permet une intégration plus harmonieuse avec l'ensemble de la communauté. Il est incontestable que cette approche évangélisatrice comporte de très nombreux avantages, non seulement du point de vue du défi de l'évangélisation, mais aussi du point de vue de la communauté qui veut se renouveler dans le dynamisme des relations interpersonnelles, au lieu de chercher à maintenir à tout prix une structure ou une pastorale de conservation pas vraiment adaptée à la situation actuelle. Engager une communauté chrétienne dans l'évangélisation relationnelle implique une conversion communautaire dans le dynamisme relationnel et fraternel.

Du point de vue de la pédagogie, le MB accueille délibérément les apports de ce mouvement. Voici quelques exemples concrets qui se retrouvent tous dans l'ouvrage de Win et Charles Arn (Le plan du Maître pour former des disciples, Éditions Foi et Sainteté, Beacon Hill Press, Kansas City, 1988, la pagination indiquée ci-dessous correspond bien à l'ouvrage français), grands promoteurs du mouvement pour la croissance de l'Église : 1- les avantages de l'évangélisation de l'oïkos (p. 38-41) ; 2- les fondements bibliques de l'oïkos (p. 28-31) ; 3- la liste de l'oïkos (p. 66-80) ; 4- les niveaux de réceptivité et les événements de transition (p. 77) ; 5- les niveaux de vie spirituelle ou l'échelle de Engel (p. 81-93) ; 6- la nécessité de développer un programme d'intégration des nouveaux convertis (p. 43-53), ce qui sera assumé par l'expérience cellulaire et le processus d'évangélisation ; 7- le partage de sa foi dans un contexte relationnel (p. 94-107). Ce qui est amplement développé par la suite dans ce mouvement, ce sont les études sur le contenu kérygmatique, les niveaux de réceptivité des personnes évangélisées, l'étape délicate de la prise de décision pour adhérer pleinement à Jésus Christ Sauveur.

Globalement, le mouvement pour la croissance de l'Église a mieux compris et approfondi ce qu'on pourrait appeler le « processus de conversion. » Déjà, le processus d'évangélisation nous donne de structurer les étapes nécessaires et complémentaires pour permettre à un nouveau converti d'intégrer la communauté, mais il faut aussi comprendre comment la personne, du point de vue subjectif, entre dans un processus de transformation. Ces étapes sont étudiées dans l'ouvrage de Nicolas Standaert, L'« Autre » dans la mission (Éditions Lessius, 2003, « Chapitre 2- Le processus de conversion », p. 25-41). Le MB aurait avantage à s'inspirer de ces recherches sur le processus de conversion pour mieux comprendre la fécondité de l'acte évangélisateur et la responsabilité de l'évangélisé dans son processus de transformation. Cette compréhension du processus de conversion, tout en étant complémentaire et parallèle au processus d'évangélisation, permet à ceux qui évangélisent selon l'approche de l'oïkos de mieux comprendre la situation psychologique des personnes évangélisées, les nécessaires mutations intérieures qu'elles ont à vivre pour une adhésion plénière au Christ.

Deuxième source : le mouvement pour les Églises cellulaires (Cell Church Movement).

Du point de vue historique, il s'agit évidemment de la source la plus explicite. Dans la première version du MB, l'équipe pastorale de Saint-Boniface à Pembrooke Pines en Floride avec le père Michael Eivers n'hésite pas à mentionner, dans le contexte du 20e siècle, la toute première expérience de l'Église cellulaire à Séoul avec le pasteur presbytérien Paul Yonggi Cho (Les cellules de maison et la vie de l'Église, Éditions Vida 1989, édition américaine : Successful Home Cell Groups, Bridge Publishing, 1981). Une étude plus large et plus objective est présentée par Karen Hurston dans La plus grande Église du monde (Éditions Vida, 1996, édition américaine : Growing the World's Largest Church, Gospel Publishing House, 1994). Le témoignage éloquent d'une communauté chrétienne qui a connu le plus haut taux de croissance au cours de ce dernier siècle (de 1 500 fidèles en 1965 à 900 000 en 1995) a permis de lancer un nombre incalculable de recherches sur la réalité cellulaire et son immense potentiel pour le renouveau ecclésial.

Alors que l'influence du Mouvement pour la croissance de l'Église commençait à diminuer au début des années 1990, c'est le mouvement pour les Églises cellulaires qui prenait le relais. Il est devenu incontestable que, du point de vue des recherches internationales, le plus grand facteur de croissance dans l'Église est l'implantation de cellules d'évangélisation. De très nombreuses recherches ont donc étudié les différents modèles d'Églises cellulaires, leur ecclésiologie, leur principe, leur méthode d'implantation, les facteurs de croissance ou d'échecs, leur principe d'adaptation culturelle, les méthodologies pour la formation des responsables de cellules, etc. Un exemple de centre de recherche qui s'est imposé aux USA est celui de « Touch Publication » au Texas avec, en particulier, celui qu'on peut considérer comme le grand spécialiste international de la théologie cellulaire : Joël Comiskey. C'est un milieu en pleine effervescence tant du point de vue des témoignages d'expériences que de la réflexion biblique sur cette réalité devenue incontournable pour l'évangélisation.

La communauté de Sant'Eustorgio a accueilli avec ferveur la grâce et la responsabilité de promouvoir l'expérience cellulaire. La fidélité à cette grâce l'a amenée à développer la conviction de transmettre le MB dans le plus grand respect de la vision et des principes pastoraux qui sont essentiels à une profonde fécondité et à une réelle croissance et multiplication par l'expérience cellulaire. Cette fidélité a fait ses preuves. Il faut donc éviter ce que j'ose appeler le « bricolage pastoral » quand il s'agit d'accueillir de nouvelles approches évangélisatrices. Il est important d'être vigilant et de développer des compétences pastorales pour le bien d'une évangélisation réelle et authentique. Mais cet appel à une compétence pastorale dans le domaine de l'évangélisation par les cellules doit aussi nous amener à comprendre pour quelles raisons le modèle proposé par Sant'Eustorgio se développe mieux dans certains milieux et moins bien en d'autres. Pour cela, comme je l'ai déjà mentionné, il faut éviter à tout prix la mentalité du « bricolage pastoral » et s'ouvrir à la possibilité d'une adaptabilité de certains principes cellulaires en fonction du contexte culturel et ecclésial, à la lumière d'une réelle réflexion pastorale et non pas sous l'influence de la libre subjectivité de pasteurs ou de communautés qui n'ont aucun critère de discernement dans le domaine de l'expérience cellulaire et évangélisatrice. Il est donc important de situer le MB dans un contexte plus large. Il s'agit bien d'un document pédagogique. Il faut apprendre à mieux discerner ce qui est de l'ordre de la vision et des principes et ce qui se situe au niveau de l'application pastorale en fonction du contexte. Nous avons donc à découvrir qu'il y a des principes d'application qui tiennent compte à la fois des fondements visionnaires et des principes pastoraux de l'évangélisation.

Troisième source : le concept novateur de la formation de disciples (Discipleship) dans la perspective de la croissance et de la multiplication.

On ne peut pas parler ici de source explicite, mais de source inchoative, c'est-à-dire en germe et porteuse d'une réalité totalement novatrice, pourtant bien enracinée dans le terreau biblique. Déjà, nous pouvons mesurer l'impact nouveau de l'expérience du SCPÉ à travers l'originalité de l'évangélisation de l'oïkos et de la vie cellulaire. Dans la théologie pastorale catholique, ces deux réalités sont peu approfondies et explorées. Elles ouvrent pourtant à un potentiel étonnant de renouveau pour nos communautés ecclésiales. Ces deux réalités représentent un défi pour les milieux chrétiens habitués à un style de vie pastorale conventionnel. Le changement proposé implique même, n'ayons pas peur d'utiliser l'expression, une « conversion pastorale ». Mais, c'est dans le domaine de la « formation de disciples » que l'expérience évangélisatrice du SCPÉ nous conduit à des changements encore plus profonds.

Cette conception biblique et évangélique novatrice peut se déployer à merveille dans le contexte des églises cellulaires. Nous sommes habitués à situer la formation de disciples dans le contexte (1) du modèle de la « prédication » ou (2) du modèle des « programmes » (catéchétiques, académiques ou autres). Mais l'évangélisation relationnelle de l'oïkos et l'expérience cellulaire font émerger deux autres modèles complémentaires entre eux et avec les précédents, pour que le chrétien atteigne toute sa maturité et devienne lui-même un disciple accompli, capable de former d'autres disciples selon le mandat missionnaire de Matthieu 28, 19 (« Formez des disciples... », trad. litt.). Nous parlons alors : (3) du modèle qui comprend la formation comme un « processus » (il est nécessaire d'avoir une vision globale de la formation du disciple à travers des étapes qui s'intègrent dans un processus intégral) et (4) du modèle « relationnel de l'accompagnement » du disciple (il est nécessaire, dans un contexte communautaire et cellulaire, d'accompagner les personnes individuellement sous forme de parrainage, comme Jésus lui-même l'a fait avec ses disciples).

On peut donc affirmer que, dans le MB, ces nouveaux modèles de formation sont plutôt inchoativement en état d'émergence et représentent un potentiel extraordinaire. L'avenir nous permettra de dire si effectivement, dans le contexte cellulaire, la formation des leaders de cellules doit se situer dans la perspective plus large et englobante de la formation de disciples. Actuellement, nous pouvons affirmer ce constat du point de vue des recherches internationales : les modèles cellulaires qui se concentrent sur cet objectif et sur des pédagogies cohérentes avec ces deux derniers modèles de formation connaissent une croissance fulgurante et exponentielle, plus rapide que celle connue par la communauté de Paul Yonggi Cho à Séoul. Le MB, dans sa toute dernière version, peut difficilement faire état de cette réalité pour deux raisons : 1- le chantier de réflexion sur cette question est trop récent, même s'il mérite une attention particulière ; 2- ce chantier exige un certain recul pour accueillir, dans l'expérience cellulaire actuelle, des données nouvelles et trop nombreuses.

LES TROIS DÉFIS

Nous utilisons le mot « défi » de manière préméditée, puisque la vision prophétique du SCPÉ nécessite, de la part du pasteur et des laïcs engagés dans cette approche évangélisatrice, le courage de développer un « nouveau style de vie pastorale » (PDV §-18). Guider une communauté paroissiale sur le chemin du changement pastoral pour la nouvelle évangélisation implique lucidité et audace pour que cette transformation communautaire se vive sereinement et de manière progressive. Relever un tel défi pastoral exige une vision claire et une ferme détermination, afin d'aller jusqu'au bout de ce que le Seigneur demande pour permettre le renouvellement des communautés dans le dynamisme de la croissance.

Premier défi : l'évangélisation relationnelle de l'oïkos.

« Évangéliser dans les relations déjà existantes » peut sembler, d'un point de vue extérieur, simple et aisé. Mais en fait, cela représente, pour les fidèles laïcs qui ont vécu dans un contexte de chrétienté et de société individualiste, un défi de taille. Jusqu'à maintenant, la théologie pastorale, davantage portée à situer l'agir de l'Église d'un point de vue communautaire et sacramentel, n'est pas encore vraiment parvenue à développer une conscience claire et profonde du rôle essentiel et fondamental du caractère « interpersonnel » et « relationnel » du témoignage de foi dans la première évangélisation. Pourtant, le Christ Jésus nous est révélé dans les Évangiles comme celui qui peut entretenir avec chaque personne le plus haut niveau de qualité relationnelle. Une relecture des textes du Nouveau Testament nous fait comprendre que ce facteur « relationnel » et « interpersonnel » n'a jamais été négligé dans l'évangélisation. Cela est bien rappelé dans Evangelii Nuntiandi : « C'est pourquoi, à côté de cette proclamation de l'Évangile sous forme générale, l'autre forme de sa transmission, de personne à personne, reste valide et importante. Le Seigneur l'a souvent pratiquée — les conversations avec Nicodème, Zachée, la Samaritaine, Simon le pharisien, par exemple, l'attestent —, les Apôtres aussi. Y aurait-il, au fond, une autre manière de livrer l'Évangile, que de transmettre à un autre sa propre expérience de la foi ? » *(EN §-46)*

Le processus d'évangélisation du SCPÉ, en fidélité avec l'expérience du Christ Jésus et de ses disciples, met en évidence cette stratégie évangélisatrice et souligne la nécessaire conversion de l'Église pour vivre plus pleinement dans un esprit fraternel. Pourtant, il ne s'agit pas de développer cette dimension relationnelle qu'à cette première étape du processus d'évangélisation. Le caractère interpersonnel doit être maintenu dans tout le processus lui-même, et ce jusqu'au cœur de la vie cellulaire, afin que toute la communauté paroissiale se « convertisse » pour vivre dans ce rayonnement fraternel et amical : « À ceci, tous vous reconnaîtront pour mes disciples : à l'amour que vous aurez les uns pour les autres » (Jn 13, 35). On doit considérer la structure ecclésiale, non pas comme une réalité se suffisant à elle-même, mais plutôt comme une réalité au service d'une réelle et profonde spiritualité de communion. Les structures ecclésiales gouvernées par la mentalité de chrétienté qui, malheureusement, sont devenues en quelque sorte autosuffisantes et résistantes à développer un véritable esprit de fraternité, auraient avantage à s'inspirer de cette pédagogie de l'oïkos pour déployer cette vitalité relationnelle au sein de toutes les dimensions de la vie ecclésiale. Ce caractère fraternel et interpersonnel qui traverse tout le SCPÉ permet aux paroisses d'être pleinement au service de cette vie de communion.

Deuxième défi : la reconnaissance ecclésiale de la cellule.

L'expérience de la cellule ou de tout groupe chrétien est reconnue d'un point de vue théorique et théologique. Qui oserait contester cette affirmation ? Personne ne peut contredire la valeur des petits groupes de personnes qui se réunissent au nom de leur foi chrétienne. Cependant, du point de vue de la pratique pastorale et dans la conscience d'un très grand nombre de pasteurs, cette expérience est considérée comme n'ayant pas de valeur ecclésiale et sacramentelle. On ne sent pas le besoin et la nécessité d'intégrer les petits groupes à la vie et à la croissance de la communauté. On ne voit pas comment des petits groupes, voire des cellules d'évangélisation, pourraient jouer un rôle essentiel dans le dynamisme global de la croissance de la communauté. Nous le répétons : théoriquement, cela n'est sans doute pas remis en question mais, dans la pratique, les pasteurs ne voient pas un grand intérêt à consacrer temps et énergie à une pastorale de petits groupes intégrés à la vie de la grande communauté. On cherche plutôt à investir dans les grands ensembles, dans les grands projets, dans les événements de masse, en pensant que la croissance ecclésiale viendra tôt ou tard. Mais en fait, toutes les recherches internationales sur la croissance ecclésiale démontrent bien que l'existence de plus petits ensembles, de petits groupes ou de cellules intégrés à la vie de l'assemblée ecclésiale est un facteur significatif et très fécond du développement (qualitatif et quantitatif) de la communauté.

Le Christ Jésus a pourtant affirmé dans l'évangile selon saint Matthieu : « Car, là où deux ou trois se trouvent réunis en mon nom, je suis au milieu d'eux » (Mt 18, 20). Cette seule affirmation de Jésus, dans un contexte où il exprime les règles de la vie en communauté, devrait suffire pour justifier la valeur ecclésiale et le statut sacramentel des petits groupes. L'expérience cellulaire, qui consiste à se réunir au Nom de Jésus pour vivre, à son exemple, le dynamisme vital de l'évangélisation, devrait être considérée comme totalement ecclésiale, tant sur le plan théologique et théorique que sur le plan d'une expérience pastorale authentique. Cela allait de soi chez les premiers chrétiens. Dans les Actes des Apôtres, Luc ne cesse de montrer comment la maison est un lieu ecclésial *(cf. Ac 2, 2 ; 10, 2.6.17.22.30.32 ; 11, 11-14 ; 12, 12 ; 16, 14-15 ; 16, 29-34 ; 17, 5-7 ; 18, 7-8 ; 21, 7-8* ; veuillez noter que, dans les différentes Bibles françaises, on ne traduit pas toujours le mot oïkos par « maison », mais par

« chez lui », « dans sa famille », etc.). Il insiste aussi sur le nécessaire équilibre ecclésiologique entre l'assemblée et la maison *(cf. Ac 2, 46 ; 5, 42 ; 20, 20)* pour vivre et exprimer sa foi. Chez Paul, l'utilisation d'une expression bien typée, dans quatre salutations épistolaires, indique comment le petit groupe de chrétiens est un lieu authentiquement ecclésial : « saluez aussi l'Église [qui s'assemble] dans leur maison » *(Rm 16, 5, trad. litt. ; cf. égal. 1 Co 16, 19 ; Col 4, 15 ; Phm 2)*. Le SCPÉ ne fait que renouveler, dans un contexte nouveau et d'une manière vivante, cette réalité de l'Église néo-testamentaire engagée dans l'évangélisation.

Troisième défi : la formation des leaders dans une perspective de multiplication.

Ce troisième défi s'inscrit de manière cohérente en relation étroite avec les deux défis précédents. La formation des leaders intègre à la fois le défi du relationnel et celui de la vision néotestamentaire du petit groupe évangélisateur. Le leader de cellule est un témoin de l'importance du caractère interpersonnel de l'évangélisation de l'oïkos et de la vie fraternelle et ecclésiale de la cellule. Il est le cœur de la cellule. Il incarne en lui la vision de la cellule en croissance appelée à se multiplier. Pour exploiter à fond la métaphore biologique, il est l'ADN sans lequel il est impossible pour la cellule de se nourrir et de se développer. C'est pourquoi, nous disons de plus en plus que ce n'est pas tant la cellule qui se multiplie que son leader. Ainsi, la formation du leader intègre, non seulement les deux défis précédents, mais se révèle être aussi le défi le plus grand et le plus exigeant. La fécondité du SCPÉ dépendra particulièrement de la capacité de former des leaders capables d'en former d'autres. L'affirmation de Paul, dans 2 Tm 2, 2, devient pour le SCPÉ une référence essentielle pour présenter cette vision de multiplication. L'apôtre écrit à son fils spirituel, Timothée : « Ce que tu as appris de moi en présence de nombreux témoins, confie-le à des hommes fidèles, qui seront eux-mêmes capables de l'enseigner encore à d'autres. » (2 Tm 2, 2) Le mandat missionnaire de Jésus ressuscité dans Mt 28, 20 (« Formez des disciples… », trad. litt.) ne peut être compris que dans cette perspective multiplicatrice : un disciple bien formé devra tôt ou tard entendre et comprendre cette parole de Jésus qui l'invite à former lui-même d'autres disciples. Le test ultime de l'évangélisation, de l'expérience cellulaire et de la responsabilité des leaders se trouve dans les deux questions suivantes : « combien de disciples ai-je formés jusqu'à maintenant ? », « combien ai-je formé de disciples capables d'en former d'autres ? » Ces deux questions devraient être posées à tous les baptisés et pasteurs au sein de l'Église.

Cette vision de la formation démultiplicatrice est bien présente dans le MB, mais peu développée du point de vue des outils pédagogiques et des méthodologies de formation, d'accompagnement et de soutien auprès des leaders. Les pasteurs doivent donc se consacrer à cette tâche inédite, à ce chantier nouveau et immense de la formation des leaders. On ne saurait trop insister sur le caractère émergent de cette vision de multiplication de leaders. Cette nouvelle réalité nous pousse à développer des instruments pédagogiques qui s'insèrent dans ce nouveau style de vie pastorale proposé par le SCPÉ. La formation ne doit pas être conçue uniquement du point de vue académique ou dans la perspective d'acquérir de nouvelles habiletés. Le MB répond très bien à ces attentes. Mais nous insistons pour dire que la formation doit aussi se situer dans le dynamisme relationnel de l'accompagnement interpersonnel. Renoncer au caractère relationnel dans la formation des leaders ou le considérer comme un élément secondaire, c'est contredire la vision même du SCPÉ. Un leader sera fécond et exemplaire au sein de sa cellule dans la mesure où il est lui-même soutenu par une autre personne qui l'accompagne dans le contexte concret de son expérience fraternelle et ecclésiale de la vie en cellule.

LES TROIS NIVEAUX D'INTÉGRATION

Les trois défis présentés ci-dessus peuvent sembler être une montagne infranchissable. Un pasteur pourrait dire tout au plus qu'il se sent prêt à relever l'un ou l'autre, mais pas les trois en même temps. Par contre, si on considère les trois défis comme intégrés les uns aux autres, nul doute que cette vision des choses permettra de comprendre comment le SCPÉ procède d'une approche d'intégration. Pour bien comprendre cette réalité, nous utilisons deux adjectifs : « intégral » et « intégratif ».

Le SCPÉ déploie une approche « intégrale » puisqu'il doit tenir compte, de toute façon, de l'ensemble des éléments qui le composent. Si l'un des éléments manque ou n'est pas bien intégré à la totalité, rien ne fonctionne, comme on le constate d'ailleurs avec le corps humain qui a besoin de chacun de ses systèmes organiques pour être en bonne santé et croître. Difficile d'imaginer le contraire.

Le SCPÉ est aussi « intégratif ». Le néologisme est nécessaire pour comprendre que les différents éléments sont intégrés à la totalité dans la mesure où ils fonctionnent et agissent de manière harmonieuse et cohérente dans un dynamisme unificateur et englobant. En soi, il n'y a rien à « faire », bien qu'il y ait une responsabilité à « laisser agir » la grâce du Christ. Le système organique, « intégral » et « intégratif », se développe de lui-même. Par contre, il s'épuise, perd de la force ou tombe malade si l'un des éléments vient à dysfonctionner. Il est donc nécessaire de s'approprier cette vision d'intégration pour comprendre le dynamisme organique du SCPÉ. C'est pourquoi, nous parlons de trois niveaux d'intégration pour le bon fonctionnement et la fécondité du SCPÉ. La métaphore biologique de la « cellule » nous sera d'une grande utilité.

Premier niveau : l'intégration cellulaire.

Tout comme la cellule biologique est l'unité fondamentale du vivant, on peut dire que la cellule d'évangélisation est l'unité fondamentale du SCPÉ. La cellule est en elle-même une totalité. Elle a besoin de se nourrir pour croître sainement. Elle est conçue pour se démultiplier, signe de son évidente vitalité. Ainsi, la cellule d'évangélisation se distingue essentiellement et par définition de tout autre groupe chrétien. Elle intègre au plus intime d'elle-même le dynamisme de multiplication. Sans cette vision claire et cette définition précise de la « cellule d'évangélisation », on ne fait que multiplier confusions et ambiguïtés, pertes de temps et fausses espérances. C'est pour cette raison que la cellule a besoin de se rencontrer régulièrement (hebdomadairement) pour se nourrir en fonction des quatre dimensions de la vie chrétienne (fraternité, louange, parole de Dieu, témoignage). Elle croît en accueillant de nouveaux convertis et elle se multiplie par le phénomène de la mitose pour reproduire et amplifier le mouvement d'évangélisation. Ainsi, la cellule d'évangélisation prise en elle-même est une totalité intégrée et intégrative.

Deuxième niveau : l'intégration ecclésiale.

Tout comme la cellule biologique est liée à un corps plus vaste sans lequel elle ne peut vivre, la cellule d'évangélisation est en relation vivante et vitale avec la paroisse reconnue comme corps ecclésial vivant la mission évangélisatrice pour la croissance de l'Église. Nous savons que la cellule meurt si elle se détache du corps et que le corps est en bonne santé dans la mesure même où chaque cellule l'est aussi. De plus, chaque cellule biologique est en bonne santé parce qu'elle accomplit une tâche, une fonction ou un service pour elle-même et pour l'ensemble du corps. Peut-on imaginer une cellule qui soit inutile à l'ensemble du corps ? Il en est de même avec la cellule d'évangélisation. On peut vérifier la qualité d'une cellule et son union au corps par les services qu'elle entretient avec lui. Chaque cellule est appelée à développer charismes, talents et services pour le bien du corps ecclésial. Chacune peut bénéficier des charismes, talents et services du corps entier. À ce deuxième niveau d'intégration, nous voyons mieux le caractère interactif et intégratif du corps ecclésial en relation avec chaque cellule d'évangélisation.

Troisième niveau : l'intégration pastorale.

Tout comme le corps biologique, qui développe un nombre incalculable de cellules, a besoin d'une intelligence pour coordonner la croissance en harmonisant au fur et à mesure le développement des membres, des organes et des systèmes, le corps ecclésial qui évangélise doit lui aussi organiser, de manière sage et équilibrée, le développement des cellules d'évangélisation sous le regard du pasteur. Le pasteur a la « vision » : 1- de la cellule comme totalité, 2- du développement du corps ecclésial et 3- de l'intégration pastorale des deux niveaux précédents. Le pasteur doit, non seulement porter et incarner la « vision » du SCPÉ, mais aussi la communiquer constamment et régulièrement au fur et à mesure du développement des cellules d'évangélisation et du corps ecclésial. Il doit s'assurer que l'ADN se reproduise fidèlement en fonction de la multiplication cellulaire. Son souci principal sera de maintenir une structure de formation des leaders au sein de laquelle l'accompagnement interpersonnel aura une place primordiale. Cet ADN du SCPÉ se transmet à la fois par les sessions de formation et par la relation interpersonnelle où la « redevabilité » permet de maintenir l'obligation, pour chaque leader, de rendre compte aux différents niveaux de la structure pastorale.

Si le pasteur est vraiment porté par la « vision » du SCPÉ, l'intégration pastorale se vivra de manière harmonieuse et équilibrée, dans la perspective même de ce que Paul avait entrevu en contemplant le Corps du Christ en croissance. Il écrivait aux Éphésiens : « ...Mais, confessant la vérité dans l'amour, nous grandirons à tous égards vers Celui qui est la Tête, Christ. Et c'est de lui que le corps tout entier, coordonné et bien uni grâce à toutes les articulations qui le desservent, selon une activité répartie à la mesure de chacun, réalise sa propre croissance pour se construire lui-même dans l'amour... » *(Ép 4, 15-16)*. Cela est possible dans la mesure où le pasteur privilégie, non seulement l'objectif de l'évangélisation et de la spiritualité de communion au sein de la cellule, mais aussi et surtout l'objectif de la formation chrétienne, en se concentrant sur les leaders qui pourront multiplier cette formation au sein du système cellulaire et de l'ensemble de la communauté paroissiale. Dans un contexte semblable à celui du passage précédent, Paul écrivait : « ...afin de mettre les saints en état d'accomplir le ministère [littéralement : en vue de la formation des saints, pour accomplir l'œuvre du ministère...], pour bâtir le Corps du Christ, jusqu'à ce que nous parvenions tous ensemble à l'unité dans la foi et dans la connaissance du Fils de Dieu, à l'état d'adultes, à la taille du Christ dans sa plénitude » *(Ép 4, 12-13)*.

CONCLUSION

Cette vision de croissance qui parcourt tout le Nouveau Testament et qui est particulièrement synthétisée dans ce passage dense et profond de la lettre aux Éphésiens (cf. 4, 11-16) est accueillie dans le cœur du pasteur pour la vie et le développement de sa communauté paroissiale. Ainsi, plus qu'une méthode, le SCPÉ est une vision parfaitement biblique et ecclésiale. Porté par cette vision, le pasteur pourra trouver en lui les ressources de grâce qui lui donneront la capacité d'entreprendre cette aventure pastorale de l'évangélisation dans une dynamique de croissance et de multiplication. La vision biblique de la croissance transmise par le SCPÉ n'est pas lourde à porter. Si la vision vient de Dieu, elle entraîne et stimule, elle donne courage, enthousiasme et passion. Elle est cependant exigeante parce qu'elle demande une conversion pastorale pour vivre, avec compétence et amour, le don de soi absolu au service du Christ et de l'Église. Le ministère du pasteur engagé dans le SCPÉ n'a d'autre objectif que d'actualiser et d'appliquer ce que Paul lui-même a vécu auprès des chrétiens de Colosses : « accomplir la parole de Dieu » (Col 1, 25, trad. litt.) pour que l'Évangile « porte du fruit et croisse dans le monde entier » (Col 1, 6).

Mario Saint-Pierre

PRÉSENTATION DU MANUEL DE BASE

Ce livre est né dans la paroisse de Sant'Eustorgio, à Milan. Il est, en réalité, une nouvelle édition, modifiée et corrigée, du « Manuel de formation des leaders » traduit du Manuel de la paroisse de St-Boniface en Floride (USA), qui, depuis plusieurs années déjà, expérimente avec profit le système des cellules paroissiales d'évangélisation.

Ce livre est donc le fruit de quelques décennies d'expérimentation dans le domaine. Plus qu'une « méthode », ce manuel propose une règle de vie et un chemin de conversion pour une communauté paroissiale qui devient ainsi évangélisatrice.

Avec cette méthode, nous oeuvrons sur le tissu vivant de l'Église et pour chacun des frères, voulant prendre soin d'eux : pour chacun, Jésus a donné tout son sang.

Le souci des éditeurs a été, jusqu'alors, de conserver la structure originale d'un manuel qui a donné des résultats remarquables. Il nous apparaît opportun aujourd'hui d'apporter à cette édition quelques ajustements qui ont pour but de rendre plus accessible à notre mentalité le précieux héritage reçu de nos frères de Floride, sans rien perdre de ce qui a permis à diverses communautés de mettre en pratique l'Évangile du Christ et d'être rayonnantes.

Il ne s'agit pas uniquement d'un ouvrage de présentation générale ou de témoignage d'expériences, mais bien d'un document pédagogique qui est appelé à servir pour des sessions de formation. C'est pourquoi le titre du volume dit bien l'utilité de cet ouvrage : « Manuel de base. Formation des leaders ». Pour bien situer l'utilisation de cet ouvrage dans le contexte plus global de l'implantation du système des CPÉ, il est fortement conseillé de consulter le schéma de l'Annexe 2 : « Comment implanter le SCPÉ ? » *(p. 174-176)*.

Voici quelques consignes ou conseils qui peuvent aider à comprendre l'utilisation de ce manuel pédagogique dans le contexte plus particulier de l'implantation première du SCPÉ :

1. Les sessions de formation et le manuel ne peuvent pas être considérés comme des « points de départ »; ils doivent être précédés d'une étude attentive de l'exhortation apostolique Evangelii Nuntiandi de Paul VI, et des extraits les plus intéressants des encycliques de Jean-Paul II : Redemptoris Missio et Christifideles Laici. Les prêtres de la paroisse et le groupe-guide (composé de 5 ou 6 personnes) chargés ensuite de la formation devront s'engager dans cette étude. Les sessions elles-mêmes devront comporter une étude attentive de ces documents.

2. Les prêtres et le groupe-guide devront adopter une « mentalité d'évangélisation » qui leur permettra de redécouvrir toute l'urgence et la beauté de la tâche d'évangélisateurs, telle que nous l'a confiée le Seigneur Jésus.

3. Le manuel devra être lu avant tout par le curé. Celui-ci, après l'avoir étudié attentivement dans la prière, en travaillera le contenu avec le groupe-guide.

4. Pour la bonne réussite de la session et de l'effort d'évangélisation qui la suivra, on ne pourra, en aucun cas, se passer d'un recours massif et constant à la prière : la prière individuelle, celle de toute la communauté paroissiale et de quelques communautés religieuses, selon l'enseignement de Jésus : « En dehors de moi, vous ne pouvez rien faire » *(Jn 15, 5)*. C'est pourquoi, nous conseillons vivement l'introduction, dans la paroisse, de l'adoration eucharistique périodique, jusqu'à ce qu'elle devienne continuelle.

5. On aura soin d'étudier les chapitres de ce MB à raison d'un par semaine. Si l'équipe des formateurs le juge opportun, elle pourrait éventuellement regrouper certaines sessions qui offrent un contenu plus succinct et réduire ainsi le nombre de rencontres pour cette formation.

6. On aura soin de former une équipe composée du curé, des prêtres et du groupe-guide de la paroisse pour préparer les sessions. Pour chaque partie du MB, il sera bon de confier la présentation des enseignements à des personnes du groupe-guide autres que les prêtres, en veillant au respect des horaires prévus à l'avance. Ceci permettra d'habituer les animateurs laïcs à assumer une responsabilité directe dans la pastorale et de donner ainsi une image moins cléricale de l'Église.

7. La formation est articulée en neuf sessions. Les huit premières rencontres suivent systématiquement chaque étape du processus d'évangélisation qu'on appelle le « Filet ». La durée de chaque rencontre devra être limitée à 120 minutes. Tous les participants devront toujours avoir leur Bible avec eux, car il est indispensable qu'ils deviennent familiers de la Parole de Dieu. Étant donné que le déroulement des sessions suit une progression logique, il est très important d'exiger la participation à toutes les rencontres. À l'exception de la première rencontre, au cours de laquelle les exercices auront lieu avec l'ensemble du groupe, on débutera chaque rencontre en petits groupes de 5 à 6 personnes, guidés par un responsable. Cette première partie de la rencontre durera environ 30 minutes : 10 minutes pour la prière et le reste pour revenir sur la rencontre précédente. En outre, le responsable aidera les participants à approfondir les arguments développés. À l'issue de la rencontre, le groupe-guide se retrouve pour un temps d'évaluation de chaque séance.

8. Il est bon que les personnes choisies pour participer à la première formation soient des laïcs déjà engagés dans la vie chrétienne et qu'ils aient l'intention de s'y engager toujours davantage. Il faut partir du principe qu'ils ont déjà vécu une vraie rencontre personnelle avec Jésus ou ont le désir d'en vivre une. De même, il est important qu'ils aient l'expérience de la foi et de la prière et jouissent d'un bon équilibre sur le plan humain.

9. La participation fructueuse aux sessions de formation n'est pas une habilitation à la conduite d'une cellule paroissiale. Elle en constitue simplement la préparation méthodologique et théorique de base. Pour être un leader, il faut aspirer à se laisser guider et transformer par l'Esprit Saint et recevoir mission de son pasteur pour cette charge.

10. Le MB est composé de textes d'origines diverses. Souvent, il utilise le style oral, certains extraits ayant été pris sur le vif et mis par écrit. Plus qu'un texte littéraire, il faut y chercher la vivacité de l'expérience vécue et l'enthousiasme de l'évangélisateur qui a compris, à la lumière de l'Esprit, le sens profond de son ministère et reçu la grâce de pouvoir le réaliser. En effet, le manuel n'est pas né d'une étude intellectuelle, mais de la vie quotidienne et d'expériences pratiques d'évangélisation.

Ce livre est le fruit du travail d'enseignement et d'expérimentation des multiples séminaires internationaux sur le système des celllules paroissiales d'évangélisation qui se tiennent, chaque année, dans l'antique basilique de Sant'Eustorgio à Milan et ont accueilli, ces dernières années, des milliers de fidèles du monde entier.

Nous rendons grâce au Seigneur pour toutes les personnes qui ont collaboré d'une manière ou d'une autre à la publication de ce document pédagogique.

PROPOSITIONS DE DÉMARCHE

- Pour ceux qui désirent écourter le nombre de rencontres, les sessions 3 et 4, ainsi que les sessions 5 et 6 peuvent être vécues dans la même soirée moyennant quelques ajustements.

- Il peut être très intéressant de vivre les sessions 8 et 9 au cours d'une journée entière, le samedi par exemple. Cela permet de compléter cette formation par un temps de prière pour demander à l'Esprit Saint de transformer chacun des évangélisateurs. Cette expérience est communément appelée : « Effusion de l'Esprit Saint. »

ICÔNES PÉDAGOGIQUES

Parole de Dieu à proclamer

Texte à mémoriser

Travail en équipe

Travail individuel

CONSEIL PÉDAGOGIQUE

Ce document pédagogique, « Manuel de base. Formation des leaders », offre un contenu très riche en enseignements pour la mise en place des cellules paroissiales d'évangélisation. L'abondance des citations bibliques nous montre très clairement comment cette vision pastorale pour le renouvellement des paroisses dans la nouvelle évangélisation s'inspire de la Parole de Dieu et nous invite à l'appliquer à travers une méthodologie qui a fait ses preuves au niveau de l'expérience pastorale et qui est maintenant reconnue par le Conseil pontifical pour les laïcs. Il est donc important de considérer que la Parole de Dieu a la première place par rapport à la pédagogie qui est à son service.

Ce Manuel de base étant écrit non dans une perspective de justification théologique (pour cela, il vaudrait mieux se référer à l'ouvrage de don Giuseppe Macchioni, Évangéliser en paroisse), mais dans une perspective pastorale, le pasteur a donc la responsabilité de l'accueillir comme tel. Cependant, du point de vue pédagogique, le pasteur pourra, surtout s'il est nouveau dans cette démarche, faire les adaptations nécessaires avec un grand sens du discernement, sans écarter les éléments essentiels au bon fonctionnement du système des cellules paroissiales d'évangélisation et en prenant soin de consulter un frère prêtre expérimenté.

PREMIÈRE SESSION

Le mandat missionnaire selon Mt 28, 19-20 L'évangélisation de l'oïkos

SOMMAIRE

A- LE MANDAT MISSIONNAIRE

Tout pouvoir m'a été donné au ciel et sur la terre.
Allez donc : de toutes les nations faites des disciples,
les baptisant au nom du Père et du Fils et du Saint Esprit,
leur apprenant à garder tout ce que je vous ai prescrit.
Et moi, je suis avec vous tous les jours
jusqu'à la fin des temps.
(Mt 28, 18-20)

La paix soit avec vous.
Comme le Père m'a envoyé,
à mon tour je vous envoie.
Ayant ainsi parlé, il souffla sur eux et leur dit :
« Recevez l'Esprit Saint… »
(Jn 20, 21-22)

On prêchera en son nom
la conversion et le pardon des péchés
à toutes les nations, à commencer par Jérusalem.
C'est vous qui en êtes les témoins.
Et moi, je vais envoyer sur vous
ce que mon Père a promis.
(Lc 24, 47-49)

Vous allez recevoir
une puissance,
celle du Saint Esprit qui viendra sur vous ;
vous serez alors mes témoins
à Jérusalem, dans toute la Judée et la Samarie,
et jusqu'aux extrémités de la terre.
(Ac 1, 8)

Allez par le monde entier,
proclamez l'Évangile à toutes les créatures.
(Mc 16, 15)

Ce sont les dernières paroles de Jésus rapportées par les quatre évangélistes. Ces paroles, ultimes et déterminantes, sont prononcées avant son Ascension au ciel. Il s'agit de son testament spirituel, la tâche la plus importante qu'il veuille nous confier : annoncer son Règne.

Vous devez donc apprendre par coeur le texte de Matthieu 28, 18-20 au moins, afin que ce commandement de Jésus devienne votre style de vie. Un évangélisateur doit écouter, méditer et approfondir la Parole de Dieu ; il doit la cultiver dans la prière, afin de la faire fructifier. Si nous approfondissons le mandat missionnaire, nous observons qu'à travers lui, nous sommes invités à :

1- Obéir avec rapidité et générosité

Nous sommes tous appelés à travailler à la vigne du Seigneur *(cf. CFL §-55)*. C'est pourquoi, il attend de nous, dans une humble écoute de sa volonté, une réponse personnelle, selon notre état de vie. Chaque laïc en particulier, en vertu des dons qu'il a reçus *(cf. Ép 4, 7)*, est à la fois témoin et instrument vivant de la mission de l'Église *(cf. LG §-33)*.

Apostolicam Actuositatem §-33
(Concile Vatican II, *Décret sur l'apostolat des laïcs*, 1965)

Le Saint Concile adjure donc avec force, au nom du Seigneur, tous les laïcs de répondre volontiers avec élan et générosité à l'appel du Christ qui, en ce moment même, les invite avec plus d'insistance, et à l'impulsion de l'Esprit-Saint. Que les jeunes réalisent bien que cet appel s'adresse très particulièrement à eux, qu'ils le reçoivent avec joie et de grand coeur.

C'est le Seigneur Lui-même qui, par le Concile, presse à nouveau tous les laïcs de s'unir plus intimement à Lui de jour en jour, et de prendre à coeur ses intérêts comme leur propre affaire (cf. Ph 2, 5), de s'associer à Sa mission de Sauveur; Il les envoie encore une fois en toute ville et en tout lieu où Il doit aller Lui-même (cf. Lc 10, 1) ; ainsi à travers la variété des formes et des moyens du même et unique apostolat de l'Eglise, les laïcs se montreront ses collaborateurs, toujours au fait des exigences du moment présent, « se dépensant sans cesse au service du Seigneur, sachant qu'en Lui leur travail ne saurait être vain »
(cf. 1 Co 15, 58).

2- Rechercher une méthode actuelle

Jésus nous dit d'évangéliser en son nom et dans la puissance de son Esprit. Toutefois, il ne spécifie pas de modalités concrètes. En 1983 à Haïti, dans un discours à la Conférence épiscopale latino-américaine (CELAM), Jean-Paul II a lancé un appel pour une nouvelle évangélisation et a déclaré :

« l'Évangélisation doit être...
- nouvelle dans son ardeur,
- nouvelle dans ses méthodes,
- nouvelle dans son expression. »

En effet, la mission renouvelle l'Église, renforce la foi et l'identité chrétienne, donne un regain d'enthousiasme et des motivations nouvelles. La foi s'affermit lorsqu'on la donne !
La nouvelle évangélisation des peuples chrétiens trouvera inspiration et soutien dans l'engagement pour la mission universelle.
RM §-2

3- Être dynamiques

En plus d'une évangélisation indirecte par le témoignage de sa propre vie, il faut aussi une annonce explicite de Jésus, le seul Nom qui « soit nécessaire à notre salut » (Ac 4, 12 ; cf. EN §-22 et 27).

En l'absence de cette dernière dimension, nous sommes comme des chrétiens à la retraite qui n'accomplissent plus le travail leur permettant d'être productifs et actifs. Est-ce notre désir de vivre dans un monde de retraités ?

a. Reconnaître et remettre en question nos doutes

Pour nous engager dans ce ministère, ne pensons pas que nous soyons obligés d'être parfaits. Aux Onze aussi, lorsqu'ils sont dans le doute, Jésus ordonne de faire des disciples de toutes les nations :

Quant aux onze disciples, ils se rendirent en Galilée, à la montagne où Jésus leur avait ordonné de se rendre. Quant ils le virent, ils se prosternèrent, mais quelques-uns eurent des doutes. Jésus s'approcha d'eux et leur adressa ces paroles : « tout pouvoir m'a été donné au ciel et sur la terre. Allez donc... » (Mt 28, 16-19)

b. Croire au pouvoir de la Parole

L'Évangile est « puissance de Dieu pour le salut de quiconque croit » (Rm 1, 16). Par conséquent, la parole qui vient de Dieu possède la puissance et l'efficacité de Dieu et ne dépend pas de celui qui la proclame (cf. 1 Co 2, 1-5). La force principale de la parole est de susciter cette foi qui opère un changement si radical qu'il conduit à une nouvelle naissance.

Dans sa grande miséricorde, il nous a fait renaître pour une espérance vivante. (1 P 1, 3)

Aussi, si quelqu'un est en Christ, il est une nouvelle créature. Le monde ancien est passé, voici qu'une réalité nouvelle est là. (2 Co 5, 17)

c. Je suis avec vous jusqu'à la fin du monde

Tous les évangélistes soulignent que la mission des disciples est collaboration avec celle de Jésus. C'est lui le premier et le plus grand évangélisateur *(cf. EN §-7)*. Par conséquent, c'est lui qui soutient, alimente et renforce notre foi et nous confère, en vertu de l'obéissance à son commandement, les dons spirituels qui nous transforment et nous conduisent à annoncer le Règne de Dieu, sans que nous soyons pour autant dispensés d'approfondir toujours plus et mieux les Saintes Écritures et la doctrine catholique.

Connaître Jésus est le désir fondamental de l'homme et une nécessité pour lui. Connaître Jésus nous donne d'accueillir dans la foi le salut. Jésus ne se contente pas de guérir la maladie, mais veut sauver l'homme tout entier à travers l'action généreuse de sa grâce.

Différents textes de la Parole de Dieu à lire, à méditer et à partager en équipe :

Les dix lépreux *(Lc 17, 11-19)*

La pécheresse pardonnée *(Lc 7, 36-50)*

L'aveugle de Jéricho *(Lc 18, 35-43)*

Suggestion de question pour le travail et le partage d'équipe :

En quoi ce passage biblique m'éclaire-t-il sur l'importance d'évangéliser à la suite et à la demande de Jésus ?

Au début de sa mission, Jésus s'était exclamé : « Convertissez-vous et croyez à l'Évangile ! » *(Mc 1, 15)* Toutefois, vers la fin, il n'hésita pas à déclarer : « Mais le Fils de l'Homme, quand il viendra, trouvera-t-il la foi sur la terre ? » *(Lc 18, 8)*

Par conséquent, l'oeuvre d'évangélisation consiste principalement à raviver ou à réveiller la foi en Jésus, comme l'affirme saint Paul :

> *Tout près de toi est la parole, dans ta bouche et dans ton coeur. Cette parole, c'est la parole de la foi que nous proclamons. Si, de ta bouche, tu confesses que Jésus est Seigneur et si, dans ton coeur, tu crois que Dieu l'a ressuscité des morts, tu seras sauvé. (Rm 10, 8-9)*

Dans cette méthode, que nous appellerons d'évangélisation personnalisée, la pédagogie consiste à accompagner un frère vers la rencontre avec Jésus ressuscité et toujours vivant pour le réconcilier avec Lui et le Lui confier. Cet accompagnement trouve ses racines dans une prière constante et s'exprime, en premier lieu, à travers un service humble et gratuit, suivi d'une annonce explicite.

« L'évangélisateur idéal est celui qui est envoyé par l'Église. Il parle en vertu de l'autorité de l'office qu'il y remplit, en continuité avec les apôtres, dans la communion ecclésiale et, en même temps, en vertu du charisme reçu et cultivé. Il est capable de mettre prophétiquement ses auditeurs en présence du pouvoir de Dieu, car il est lui-même ouvert à l'action du Saint-Esprit comme l'a été le premier évangélisateur, Jésus. » *(cf. R. Cantalamessa, Lo Spirito Santo nella vita di Gesù, Ancora, Milano 1985, pp. 53-70)*

d. La vocation de l'Église

Évangéliser n'est pas une des tâches de l'Église, mais la tâche de l'Église, car :

L'Église existe pour évangéliser.
(EN §-14)

En effet, nous lisons dans *Evangelii Nuntiandi* : « L'Église le sait. Elle a une vive conscience que la parole du Sauveur – "Je dois annoncer la bonne nouvelle du Règne de Dieu" – s'applique en toute vérité à elle. Elle ajoute volontiers avec saint Paul : *« car annoncer l'Évangile n'est pas un motif de fierté pour moi, c'est une nécessité qui s'impose à moi : malheur à moi si je n'annonce pas l'Évangile » (1 Co 9, 16)*... Évangéliser est, en effet, la grâce et la vocation propre de l'Église, son identité la plus profonde. Elle existe pour évangéliser, c'est-à-dire pour prêcher et enseigner, être le canal du don de la grâce, réconcilier les pécheurs avec Dieu, perpétuer le sacrifice du Christ dans la sainte messe, qui est le mémorial de sa mort et de sa résurrection glorieuse. » *(EN §-14)*

L'évangélisation est, non seulement la tâche principale et prioritaire de l'Église, mais aussi celle de tous les chrétiens :

Aucun de ceux qui croient au Christ,
aucune institution de l'Église
ne peut se soustraire à ce devoir suprême :
annoncer le Christ à tous les peuples.
(RM §-3)

Cette tâche n'est pas seulement réservée à des spécialistes (religieux, prêtres, missionnaires), elle est la tâche de tous ; elle ne concerne pas seulement ceux qui doivent aller vers des terres lointaines, mais elle s'adresse aussi à nous qui restons dans nos pays et dans nos villes. Les chrétiens, par leur renaissance baptismale, ont reçu l'Esprit de Dieu et ont pris, en conséquence, l'engagement d'exercer leur propre service d'évangélisateur dans la vie de tous les jours. Jean-Paul II affirme :

Les fidèles laïcs,
précisément parce qu'ils sont membres de l'Église,
ont la vocation et la mission d'annoncer l'Évangile :
à cette activité ils sont habilités et engagés
par les sacrements de l'initiation chrétienne
et par les dons du Saint-Esprit.
(CFL §-33)

B- L'ÉVANGÉLISATION DE L'OÏKOS

Le terme évangélisation (annonce de la Bonne Nouvelle) peut susciter des questions. Par exemple : « Que signifie évangéliser ? » Il est important, pour bien le comprendre, de préciser avant tout ce que l'évangélisation n'est pas, c'est-à-dire :

- Imposer l'Évangile de maison en maison,
- Remplir les bancs de son église,
- Proclamer l'Évangile de telle sorte qu'il suscite, chez nos auditeurs, suspicion ou indifférence.

Ce n'est pas ainsi que cela se passait dans les premières communautés chrétiennes. Celles-ci diffusaient la Bonne Nouvelle dans leur entourage avec zèle et enthousiasme, c'est-à-dire :

ELLES ÉVANGÉLISAIENT L'OÏKOS.

1- Qu'entendons-nous par « oïkos » ?

« Oïkos » est le mot grec (racine de nombreux termes amplement utilisés tels que : éco-logie, éco-système, éco-nomie, etc...) qui désigne la maison, le foyer domestique, la famille, les collègues de travail, les amis, le lieu des loisirs.

On rencontre ce terme fréquemment dans le Nouveau Testament. On peut lire, par exemple, dans les Actes des Apôtres :

Dans sa piété et sa crainte envers Dieu, que toute sa maison [oïkos] partageait, Corneille comblait de largesses le peuple juif et invoquait Dieu en tout temps. (Ac 10, 2)

Un ange du Seigneur dit à Corneille :

Envoie quelqu'un à Joppé pour faire venir Simon qu'on surnomme Pierre. Il exposera devant toi les événements qui apporteront le salut à toi et à toute ta maison [oïkos]. (Ac 11, 13-14)

Quand Pierre arriva, *Corneille, de son côté, qui les attendait, avait convoqué sa parenté et ses amis intimes. (Ac 10, 24)*

Dans ce récit de la rencontre de Pierre avec Corneille *(Ac 10, 1 – 11, 18)*, le mot grec « oïkos » est utilisé onze fois. Dans la Bible française TOB, le mot est chaque fois traduit par « maison ».

Éventuellement, vous pouvez, en équipe, faire ce travail d'identifier dans *Ac 10-11*, les mentions du mot « oïkos-maison ».

Ainsi donc, pour nous :

L'OÏKOS EST L'ENSEMBLE DES PERSONNES
AVEC LESQUELLES ON ENTRETIENT
DES RELATIONS HABITUELLES

L'évangélisation de l'oïkos consiste à profiter des « relations déjà existantes » pour évangéliser.

Les anthropologues ont, en fait, identifié les quatre milieux de ces relations :

- La famille,
- Les voisins,
- Les amis et ceux qui ont les mêmes intérêts et passe-temps,
- Les collègues de travail, les amis d'études, etc.

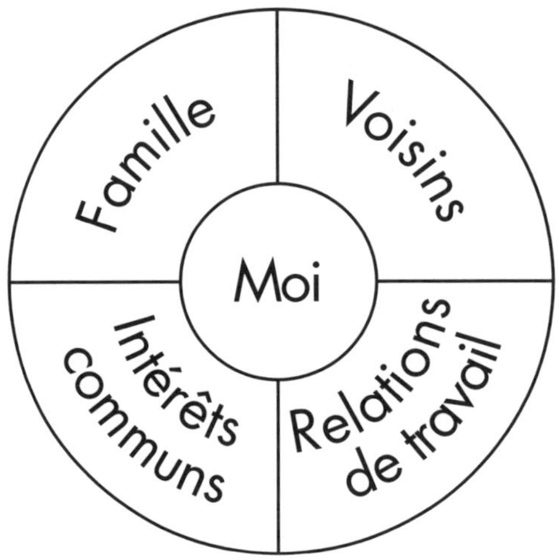

La spiritualité de l'évangélisateur consiste à connaître Jésus, apprendre à l'annoncer, grandir dans la foi. De même que l'amour de Dieu a été répandu dans nos coeurs par l'Esprit Saint (cf. Rm 5, 5), nous accueillons pleinement celui qui nous est proche :

Ajustez-vous à votre frère,
aimez-le au nom de Jésus,
faites pour lui tout ce que Jésus lui-même ferait.
Le frère s'étonnera de voir
comment vous vous intéressez sincèrement à lui.

2- L'évangélisation dans le Nouveau Testament

Nous avons déjà cité le récit de Corneille dans Actes 10-11, mais beaucoup d'autres passages de l'Écriture parlent de l'oïkos.

Textes de la Parole de Dieu à lire, à méditer et à partager en équipe :

Le Gérasénien possédé par des esprits mauvais *(Lc 8, 26-39).*
L'appel de Lévi *(Lc 5, 27-32).*
Zachée *(Lc 19, 1-9).*
Les premiers disciples *(Jn 1, 40-42).*
Philippe conduit Nathanaël à Jésus *(Jn 1, 44-45).*
La guérison du fils d'un haut fonctionnaire *(Jn 4, 50-53).*

Suggestion de questions pour le travail et le partage d'équipe :

- En quoi ces passages bibliques m'éclairent-ils sur l'importance d'évangéliser dans les « relations déjà existantes », dans l'oïkos ?
- Tous ces passages bibliques nous montrent une attitude commune aux différentes personnes qui rencontrent Jésus. Quelle est cette attitude ?

En résumé :

➤ l'évangélisation de l'oïkos est la façon la plus simple et la plus naturelle que Dieu nous offre pour annoncer l'Évangile dans la vie de tous les jours ;

➤ l'oïkos est l'entourage le plus facile et le plus immédiat dans lequel peut se réaliser notre engagement d'évangélisation ;

➤ chaque chrétien doit être évangélisateur à l'intérieur de son propre oïkos : dans ce contexte, il est irremplaçable ;

➤ Jésus veut, en fait, que les « frères » de notre oïkos le reconnaissent comme unique Sauveur et il nous demande de collaborer avec Lui.

Mon oïkos est vraiment pour moi un lieu unique.
Si je ne lui annonce pas l'Évangile, personne d'autre ne pourra le faire à ma place.

Nous vous laissons approfondir le merveilleux exemple que nous trouvons dans l'Évangile de Jean, lorsque Jésus rencontre la Samaritaine (cf. Jn 4, 1-42). Saint Paul, dans la lettre aux Romains (cf. 16, 3-16), montre clairement que l'Église était constituée de petites communautés domestiques dans lesquelles on vivait avec amour et harmonie ; de cette manière, il était plus facile de surmonter les hostilités et les persécutions.

Les témoignages bibliques et historiques soulignent que l'Église, à son origine, s'étendit grâce à l'évangélisation de l'oïkos. Chaque converti témoignait, dans son propre oïkos, de la joie d'avoir reçu la foi et le salut.

La règle observée dans l'Église primitive pourrait se résumer ainsi :

« Le petit peu de Jésus que tu as découvert, tu peux le partager. »

3- L'importance d'évangéliser l'oïkos

➤ C'est la façon la plus naturelle d'atteindre les autres. Dans l'évangélisation qui se fait à travers l'ensemble des relations déjà existantes, nous pouvons témoigner de l'amour de Jésus aux personnes que nous rencontrons habituellement.

➤ C'est la méthode la plus efficace pour toucher le coeur des autres. Plus nous sommes proches de quelqu'un, plus nous avons la possibilité de partager :

- Nos voisins nous demandent : « Pourquoi t'intéresses-tu à moi ? »
- Notre vieil ami remarque un changement dans notre vie.
- Les membres de notre famille voient notre transformation.

Ce sont ces personnes-là qui sont les plus faciles à atteindre.

➤ Les occasions de contact sont renouvelées et se multiplient continuellement si certaines personnes de notre oïkos font l'expérience du Christ, et transmettent, à leur tour, leur expérience aux membres de leur propre oïkos.

➤ Cette méthode est une bonne occasion de vérifier l'efficacité du témoignage qui multipliera et fera progresser en profondeur les relations déjà existantes.

➤ Le témoignage de notre vie, renouvelé par l'annonce de l'Évangile, produit deux effets :

- chez moi : je me convertis à nouveau chaque jour ;
- chez l'autre : la cohérence entre la vérité annoncée et les actes suscite, dans le coeur du frère, les premières interrogations.

Bien qu'elle offre de nombreuses possibilités, l'évangélisation de l'oïkos n'est certes pas des plus aisées, surtout quand elle s'adresse à des membres de notre propre famille qui sont conscients aussi de toutes nos limites. Paul nous vient en aide lorsqu'il écrit aux Romains :

Je sais qu'en moi – je veux dire dans ma chair – le bien n'habite pas : vouloir le bien est à ma portée, mais non pas l'accomplir, puisque le bien que je veux, je ne le fais pas et le mal que je ne veux pas, je le fais. (Rm 7, 18-19)

➤ C'est toujours une grande émotion de voir que ceux auxquels nous avons offert prière, amour et temps, reçoivent le Christ et grandissent spirituellement. L'apôtre Jean le souligne de la manière suivante:

Ma plus grande joie, c'est d'apprendre que mes enfants marchent dans la lumière de la vérité. (3 Jn 1, 4)

L'oïkos utilise les relations déjà existantes ;
autrement dit, il ne s'agit pas de partir au loin pour évangéliser,
mais de mettre en pratique l'enseignement de Jésus :

Chemin faisant, pendant tes occupations habituelles,
proclame que le Royaume des cieux est proche.
(cf. Mt 10, 7)

4- Étude en groupe

Lisez et réfléchissez sur le passage de *Mt 9, 35-38* ; puis répondez aux questions suivantes :

1. Au verset 36, on observe que les foules qui suivaient Jésus étaient « harassées et prostrées comme des brebis qui n'ont pas de berger. » Qu'est-ce que cela veut dire ?

2. Pensez-vous que cette description soit d'actualité ? Exprimez votre opinion à ce sujet.

3. Au verset 37, Jésus affirme : « La moisson est abondante. » La moisson autour de vous est-elle abondante ? Vous, que feriez-vous ?

5- La liste de l'oïkos

Votre oïkos est probablement composé de nombreuses personnes. Vous êtes présent dans leur vie parce que :

- elles font partie de votre famille,
- vous travaillez ensemble,
- vous vivez tout près d'elles,
- vous partagez des intérêts communs.

Vous rencontrez certaines d'entre elles tous les jours, d'autres plusieurs fois par semaine. Nous vous invitons à établir la liste de votre oïkos en écrivant le nom des personnes qui en font partie. À la lumière de la prière, avec amour et sans les juger, présentez-les à Jésus.

Pour vous aider à remplir la liste, utilisez le schéma ci-dessous et écrivez :

– le nom de la personne,
– le type de relation.

Puis, selon l'une des grilles suivantes, vous indiquez :

– le niveau d'adhésion à Jésus,
– le niveau de réceptivité,
– le niveau d'incorporation à la communauté.

a- En ce qui concerne le niveau d'adhésion à Jésus, nous nous inspirons de ce qu'on appelle, dans les milieux évangéliques, l'Échelle d'Engel. Vous retrouvez 8 catégories :

1- Ignore la vérité du christianisme ou n'est pas intéressé par elle.
2- Connaît le christianisme mais refuse un chemin de foi.
3- Accepte Dieu, mais ne connaît pas Jésus.
4- Connaît Jésus, mais ne vit pas selon son Évangile.
5- Accepte Jésus et son Évangile, mais refuse l'Église.
6- Est chrétien, mais n'est pas en croissance.
7- Est chrétien et en cheminement de croissance.
8- Est chrétien mature et évangélisateur.

b- En ce qui concerne le niveau de réceptivité, nous savons que cet indicateur dépend de la qualité de relation que nous avons avec la personne et de son ouverture aux questions religieuses. Nous proposons une échelle simple de un à cinq :

1- Très réceptif aux questions religieuses.
2- Peu réceptif.
3- Indifférent.
4- Peu résistant.
5- Très résistant.

c- En ce qui concerne le niveau d'incorporation, nous voyons l'importance du réseau d'amitié qui peut se tisser entre la personne et l'Église ou une communauté particulière. Nous proposons une échelle très détaillée :

-10 Ne connaît pas d'Église en particulier.
-09 Est au courant d'une Église mais n'y connaît personne.
-08 Connaît quelqu'un dans l'Église.
-07 A un ami personnel dans l'Église.
-06 A deux amis ou plus dans l'Église.
-05 A participé à une soirée en commun dans l'Église.
-04 A visité l'église.
-03 A participé à une activité de l'Église.
-02 Se rend à l'église régulièrement.
-01 Aime à prier dans l'église,
00 A participé à une rencontre de cellule.

+01 A un sentiment d'appartenance et se sent à l'aise.
+02 A choisi de vivre la rencontre hebdomadaire de cellule.
+03 Assiste régulièrement à la prière, à la liturgie.
+04 Se fait de nombreux amis.
+05 Accepte des responsabilités au sein de l'Église.
+06 ...

L'utilité de cette analyse

• **Le niveau d'adhésion à Jésus** nous permet de mieux connaître la personne que nous évangélisons. Un bon évangélisateur doit connaître la personne et son niveau de vie spirituelle.

• **Le niveau de réceptivité** nous rappelle l'importance d'aller d'abord vers les personnes les plus réceptives, surtout lorsqu'on débute dans le métier d'évangélisateur.

• **Le niveau d'incorporation** nous rappelle que, plus une personne aura des relations d'amitié avec les membres de la communauté, plus il sera facile pour elle de vivre sa conversion à Jésus et son intégration d'abord à la cellule, puis à la communauté chrétienne.

6- La liste de mon oïkos

Nom de la personne	Type de relation	Adhésion à Jésus	Réceptivité	Incorporation
Exemple : *Claude Dupont* *Ou : CD**	*Collègue de travail*	*4- Connaît Jésus, mais ne vit pas selon l'Évangile*	*5- Très réceptif*	*-09 Est au courant d'une Église, mais ne connaît personne*
1.				
2.				
3.				
4.				
5.				
6.				
7.				
8.				
9.				
10.				

* Pour respecter le caractère confidentiel, vous pouvez inscrire uniquement les abréviations. Cette liste, éventuellement plus longue, doit être révisée constamment en fonction des événements et de votre propre discernement dans la prière.

7- Pourquoi est-il indispensable de remplir cette liste ?

La liste de l'oïkos est un petit instrument, mais l'expérience a démontré qu'il est très utile pour nous apprendre à nous rapprocher des personnes que nous rencontrons chaque jour. La liste nous permet de voir plus clairement si ces personnes ont un rapport avec Jésus, sont des chrétiens engagés, vivent leur foi avec enthousiasme ; ou bien si elles n'ont pas fait l'expérience de l'amour de Dieu, se sont éloignées de l'Église, ne veulent même pas entendre parler de Dieu et du salut, le combattent ouvertement ; ou encore, si elles sont disposées à chercher une vérité plus profonde, sont ouvertes à la foi.

Pendant la prière personnelle, vous mettrez en évidence ceux que le Seigneur lui-même vous demande d'évangéliser. Vous devrez évidemment exclure ceux qui vivent déjà dans la foi, en particulier à travers une expérience paroissiale ou communautaire. Il faut éviter que le nombre de personnes à évangéliser soit trop élevé. On peut prier pour de nombreuses personnes, mais on ne peut pas offrir un service affectueux à trop de personnes en même temps, surtout si leurs besoins et leurs blessures sont profonds.

Il est conseillé de prier chaque jour pour toutes les personnes, au moins pendant quelques instants. Mais, vous prierez chaque jour plus longtemps pour celles que vous entendez évangéliser tout de suite (une ou deux) et vous vous en occuperez davantage. Vous invoquerez l'Esprit Saint, pour qu'il vous donne des occasions d'entrer en relation avec elles et soutienne votre engagement d'évangélisateur. Vous demanderez également à vos frères de la cellule de prier pour ces personnes.

Vous serez ainsi amené à entrer, avec le soutien spirituel et psychologique de la cellule dont vous faites partie, dans le processus d'évangélisation qui commence et se poursuit dans la prière et le service, tout au long du chemin parcouru pour évangéliser le frère de votre oïkos.

La conception théologique qui sous-tend cette intuition est très simple. Si le Seigneur vous a mis dans une certaine situation, s'il vous a fait rencontrer ces frères, ces parents, ces amis, ces voisins, s'il vous a mis dans ce cadre de travail, dans cet endroit si difficile à vivre, ce n'est pas pour que vous le subissiez ou en changiez, mais pour que vous le transformiez ! *(Cf. Giuseppe Macchioni, Évangéliser en paroisse, nouvelle édition, Éditions des Béatitudes, 2009, p. 62-63).*

C- TRAVAIL DE LA 1re SEMAINE

_____ J'ai lu dans Evangelii nuntiandi les nos 1-16.

_____ J'ai mémorisé « le mandat missionnaire » : Mt 28, 18-20.

_____ J'ai prié et rempli la liste de mon oïkos.

À propos de la liste de votre oïkos : quelles difficultés avez-vous rencontrées pour la remplir ?

L'idée la plus utile que j'aie trouvée dans Evangelii nuntiandi aux numéros 1 à 16 est :

DEUXIÈME SESSION

Le Mandat missionnaire selon Jn 20, 21-22

Le processus d'évangélisation : **la prière et l'Esprit Saint**

SOMMAIRE

A- LE PROCESSUS D'ÉVANGÉLISATION

« Venez à ma suite et je vous ferai devenir pêcheurs d'hommes »
(Mc 1, 17, trad. litt.)

1- La vision globale du « Filet »[2]

Jésus leur dit :
« Jetez le filet... »
(cf. Jn 21, 6)

Ils remplirent les barques au point qu'elles enfonçaient
(cf. Lc 5, 7)

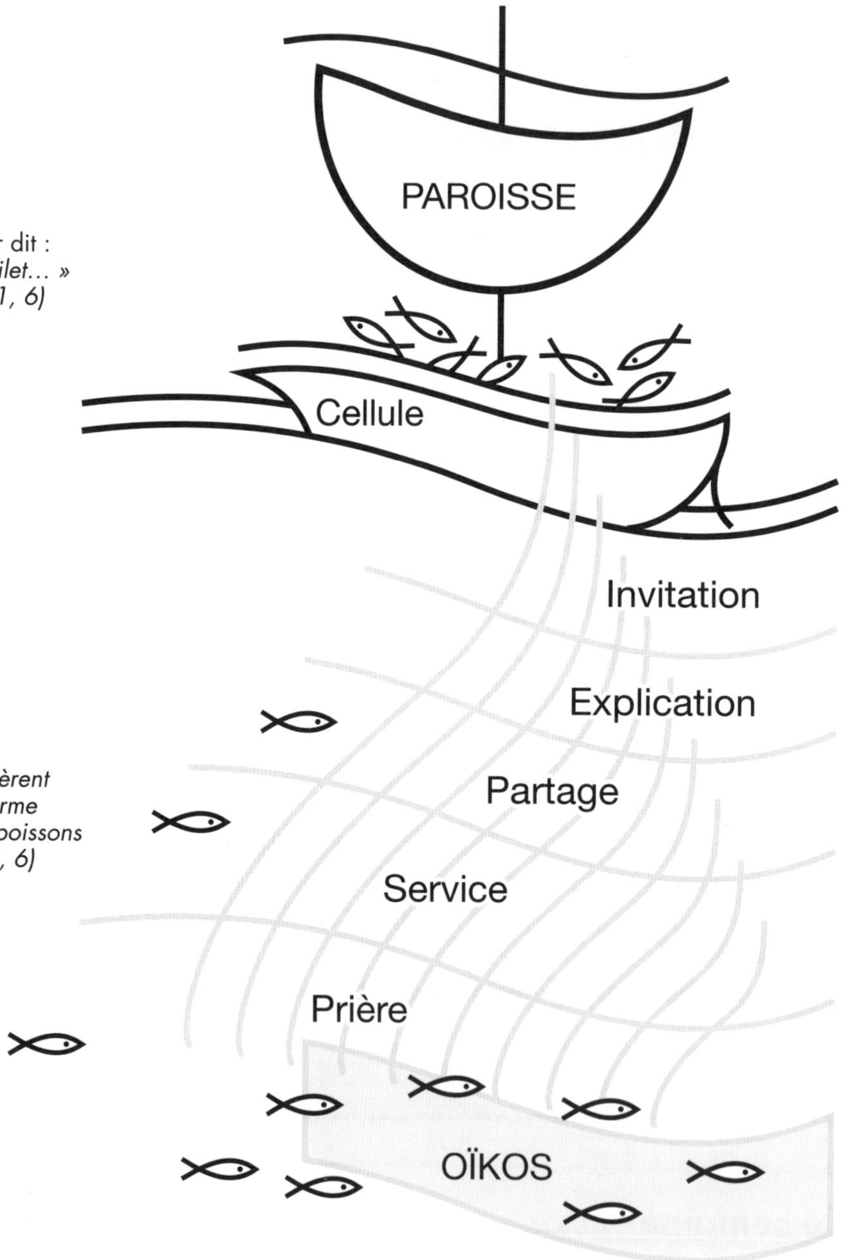

Ils capturèrent une énorme quantité de poissons
(cf. Lc 5, 6)

Leurs filets commençaient à se déchirer
(cf. Lc 5, 6)

[2] *L'explication du terme « filet » pour désigner ce processus d'évangélisation, se trouve à l'annexe 4 : « Pourquoi utilisons-nous le terme « Filet » pour désigner le processus d'évangélisation ? » (p. 178-181).*

2- Qui sont les acteurs du processus d'évangélisation ?

➤ **L'Esprit Saint.** L'évangélisation ne sera jamais possible sans son action. L'Esprit Saint est l'agent principal et le terme de l'évangélisation *(cf EN §-75 – comme nous l'avons déjà dit, cet article est consacré au rôle de l'Esprit Saint dans l'évangélisation).*

➤ **L'évangélisateur.** Il a reçu le mandat de Jésus : « *Allez par le monde entier, proclamez l'Évangile à toutes les créatures* » *(Mc 16, 15)*, et il en fait un objectif ou un idéal de vie.

(1) L'oïkos : L'évangélisateur répertorie la liste des personnes de son propre oïkos en utilisant le réseau de ses relations déjà existantes.

(2) La prière : Il prie pour les membres de son oïkos en particulier pour la ou les personnes qu'il évangélise.

(3) Le service : Il développe un cœur de serviteur : « Chaque fois que vous l'avez fait à l'un de ces plus petits qui sont mes frères, c'est à moi que vous l'avez fait » (Mt 25, 40).

(4) Le partage : Il témoigne de sa foi en Jésus de manière toute simple.

(5) L'explication : Il répond aux questions, aux objections, aux confusions, aux préjugés et aux erreurs. La réponse est toujours : « Jésus t'aime tel que tu es. »

(6) L'invitation : Le filet se resserre. Il accompagne doucement la personne vers l'acceptation initiale de Jésus comme Seigneur (cf. Pr 16, 3) pour l'inviter à une rencontre de cellule.

(7) La cellule : Il invite le nouveau converti à entrer dans la cellule.

(8) La communauté : Il invite le nouveau converti à rendre un service au sein de la paroisse et à célébrer la liturgie. L'Évangélisateur est heureux d'appliquer le mandat missionnaire de Jésus ressuscité pour que l'Église croisse dans l'évangélisation.

➤ **Le frère à évangéliser.** C'est la personne de notre oïkos que nous sommes en train d'accompagner.

(1) L'oïkos : L'évangélisé est un parent, un voisin, un collègue ou un ami identifié par l'évangélisateur dans sa liste d'oïkos.

(2) La prière : L'évangélisé est enveloppé de prière à profusion.

(3) Le service : L'évangélisé est l'objet d'une attention particulière à travers le service, l'amitié, la charité, la compassion.

(4) Le partage : L'évangélisé accueille le témoignage de foi d'un chrétien.

(5) L'explication : L'évangélisé reçoit des réponses à ses questions.

(6) L'invitation : Le filet se resserre. L'évangélisé exprime sa première adhésion à Jésus. Il est invité à la rencontre de cellule.

(7) La cellule : Le nouveau converti découvre la fraternité, la louange, la Parole de Dieu et la communauté chrétienne au sein de la cellule d'évangélisation.

(8) La paroisse : Le nouveau converti est accueilli dans la liturgie et les différents services paroissiaux. Il grandit vers la maturité chrétienne au sein d'une Église qui évangélise et forme des disciples.

« L'annonce, en effet, n'acquiert toute sa dimension
que lorsqu'elle est entendue, accueillie, assimilée
et lorsqu'elle fait surgir dans celui qui l'a ainsi reçue une adhésion du cœur...

Adhésion qui se révèle concrètement
par une entrée palpable, visible, dans une communauté de fidèles...

Finalement, celui qui a été évangélisé évangélise à son tour. »
(EN §-23-24)

Les huit étapes du processus d'évangélisation « Le Filet »

1- l'oïkos

2- la prière

3- le service

4- le partage

5- l'explication

6- l'invitation

7- la cellule

8- la paroisse

3- Une brève explication du processus

Traitons maintenant du processus d'évangélisation de façon synthétique, renvoyant l'approfondissement nécessaire aux sessions suivantes. La première étape du processus : « l'oïkos » a déjà été expliquée dans la première session. Seul un bref aperçu général est donc donné ici.

Première étape : l'oïkos

Dans cette formation, voyons comment accompagner un membre de notre oïkos pour qu'il accepte Jésus comme le seul Seigneur de sa vie, et comment l'aider à passer d'évangélisé à évangélisateur. Lorsque l'évangélisation se développe à travers les relations habituelles de l'oïkos, l'expérience montre qu'on obtient la plus grande efficacité en suivant les étapes illustrées par le schéma, à partir du bas.

Deuxième étape : la prière

Demeurez en moi comme je demeure en vous ! De même que le sarment, s'il ne demeure sur la vigne, ne peut de lui-même porter du fruit, ainsi vous non plus si vous ne demeurez en moi. Je suis la vigne, vous êtes les sarments : celui qui demeure en moi et en qui je demeure, celui-là portera du fruit en abondance, car, en dehors de moi, vous ne pouvez rien faire. (Jn 15, 4-5)

C'est le point le plus important de ce processus d'évangélisation et il doit accompagner toutes les étapes suivantes.

Troisième étape : le service

L'amour du Christ nous étreint. (2 Co 5, 14)

Chaque fois que vous l'avez fait à l'un de ces plus petits, qui sont mes frères, c'est à moi que vous l'avez fait. (Mt 25, 40)

Quand nous servons les autres, notre cœur s'émeut parce que nous nous rendons compte que nous sommes en train de servir Jésus Christ. En servant les frères, nous construisons des ponts d'amitié qui nous permettent de connaître leur cœur et leurs besoins. C'est l'étape dans laquelle nous offrons surtout au frère un témoignage d'amour, car l'amour exprimé dans le service est une clef qui permet d'ouvrir n'importe quel coeur.

« L'homme contemporain écoute plus volontiers
les témoins que les maîtres ou s'il écoute les maîtres,
c'est parce qu'ils sont des témoins »
(EN §-41)

Quatrième étape : le partage

Paul VI disait : *« Par ce témoignage sans paroles, ces chrétiens font monter, dans le coeur de ceux qui les voient vivre, des questions irrésistibles : Pourquoi sont-ils ainsi ? Pourquoi vivent-ils de la sorte ? Qu'est-ce – ou qui est-ce – qui les inspire ? Pourquoi sont-ils au milieu de nous ? » (EN §-21)*

C'est le moment de partager, non pas tant sur nous-mêmes que sur Jésus et son action dans notre vie. D'un témoignage de vie silencieux, on passe à l'annonce explicite de Jésus en tant que Seigneur. C'est indispensable, *« car le plus beau témoignage se révèlera à la longue impuissant s'il n'est pas éclairé, justifié, explicité par une annonce claire, sans équivoque, du Seigneur Jésus. » (EN §-22)*

Cinquième étape : l'explication

Je suis la lumière du monde. Celui qui vient à ma suite ne marchera pas dans les ténèbres ; il aura la lumière qui conduit à la vie. (Jn 8, 12)

C'est le moment où nous répondons à de nombreuses questions, toujours plus profondes et difficiles, que le frère nous soumet avec confiance. Nous pourrons ainsi accueillir la suggestion de saint Pierre, quand il nous recommande de *rendre compte de l'espérance qui est en nous. (cf. 1 P 3, 15)*

Sixième étape : l'invitation dans la cellule

Oui, sois tranquille près de Dieu, mon âme ; car mon espoir vient de lui. Oui, il est mon rocher et mon salut, ma citadelle ; je suis inébranlable. (Ps 62, 6-7)

Expose ton action au Seigneur et tes plans se réaliseront. (Pr 16, 3)

C'est le moment où l'annonce commence à faire naître dans le cœur du frère le désir de confier sa vie à Jésus (confiance) et où l'évangélisateur réalise ainsi son mandat *d'annoncer Jésus ressuscité (cf. Mc 16, 15)* en l'invitant à participer à la rencontre de cellule.

Septième étape : la vie en cellule

Ils étaient assidus à l'enseignement des apôtres et à la communion fraternelle, à la fraction du pain et aux prières. (Ac 2, 42)

Et moi, je vais envoyer sur vous ce que mon Père a promis. Pour vous, demeurez dans la ville jusqu'à ce que vous soyez, d'en haut, revêtus de puissance. (Lc 24, 49)

L'acceptation de Jésus comme seul Seigneur de sa vie fait grandir en celui que nous évangélisons le désir de le connaître, de l'aimer, de le suivre toujours plus. Les frères réunis en cellule sont un instrument idéal pour accueillir, soutenir et accompagner le nouvel arrivé sur un chemin de découverte de Jésus, de sainteté et d'acceptation du mandat du Seigneur.

Huitième étape : l'intégration à la paroisse

Et le Seigneur adjoignait chaque jour à la communauté ceux qui trouvaient le salut. (Ac 2, 47)

Ainsi votre Père qui est aux cieux veut qu'aucun de ces petits ne se perde. (Mt 18, 14)

La petite communauté de foi, la cellule, apprend au frère à adhérer à une communauté plus grande qui est la paroisse : *« l'Église, sacrement visible du salut » (cf. EN §-23)*, en assumant des responsabilités à l'intérieur de la paroisse elle-même.

Le frère évangélisé commencera, à son tour, à évangéliser avec un nouvel enthousiasme les personnes de son oïkos. Ainsi, le potentiel de croissance de la communauté paroissiale, ce sont précisément ces frères qui sont loin ! En résumé :

Qui évangélise ?	Tous les membres de la cellule évangélisatrice.
Quand ?	Toujours, en toute occasion.
Où ?	Dans son propre oïkos.
Qui est évangélisé ?	Tous ceux qu'on rencontre chaque jour et qui n'ont pas expérimenté l'Amour de Dieu.
Comment évangélise-t-on ?	Par un accompagnement personnalisé articulé en huit étapes, toutes immergées dans une prière constante et la puissance de l'Esprit Saint.

B- LA 2e ÉTAPE DU PROCESSUS D'ÉVANGÉLISATION : LA PRIÈRE ET LA FORCE DE L'ESPRIT SAINT

1- Le mandat missionnaire et la prière

La paix soit avec vous.
Comme le Père m'a envoyé,
à mon tour je vous envoie.
Ayant ainsi parlé, il souffla sur eux et leur dit :
« Recevez l'Esprit Saint... »
(Jn 20, 21-22)

Jésus ressuscité nous invite à recevoir l'Esprit Saint. Il a soufflé sur ses apôtres et il continue à souffler sur tous les baptisés. C'est lui qui nous dit : « Recevez l'Esprit Saint... » L'attitude de l'homme de foi dans sa vie de prière est déterminée par cette Parole de Dieu qui continue à s'actualiser aujourd'hui. Ce n'est que dans une prière du cœur, une prière d'accueil, que nous pouvons recevoir de Jésus le bien le plus précieux qu'est la Personne de l'Esprit Saint.

Dans l'Évangile selon saint Jean, le mandat missionnaire est exprimé de telle sorte que nous sommes invités d'abord à « recevoir ». C'est l'attitude première du priant-évangélisateur. Jésus nous demande, dans l'impératif missionnaire, d'accueillir l'Esprit Saint, Celui par qui l'amour nous est donné pour vivre notre mission.

C'est donc dans une attitude de prière que nous pouvons accueillir l'Esprit Saint et c'est dans l'Esprit Saint que nous sommes introduits dans la mission de Jésus. Elle s'inscrit elle-même au cœur de la vie trinitaire : « Comme le Père m'a envoyé, à mon tour je vous envoie... »

Ainsi en recevant le souffle de Jésus, en accueillant le don de l'Esprit Saint, nous sommes envoyés comme Jésus par le Père. Cela rejoint parfaitement l'affirmation du Concile Vatican II sur l'activité missionnaire de l'Église : *« L'Église pérégrinante est par nature missionnaire en raison de la mission du Fils et de la mission de l'Esprit Saint selon le dessein du Père » (AG §-2)*. Cette forte et profonde affirmation trinitaire se fonde sur cette parole de Jésus ressuscité qui nous révèle le cœur de sa mission et, en même temps, la mission de tous les membres de l'Église.

Que cette parole de Jésus ressuscité s'enracine au plus intime de nous-mêmes, qu'elle produise tous ses fruits de « paix » pour que notre prière soit toujours plus profondément apostolique et missionnaire.

2- La 2e étape du processus du « Filet » : la prière

« Venez à ma suite et je vous ferai devenir pêcheurs d'hommes »
(Mc 1, 17, trad. litt.)

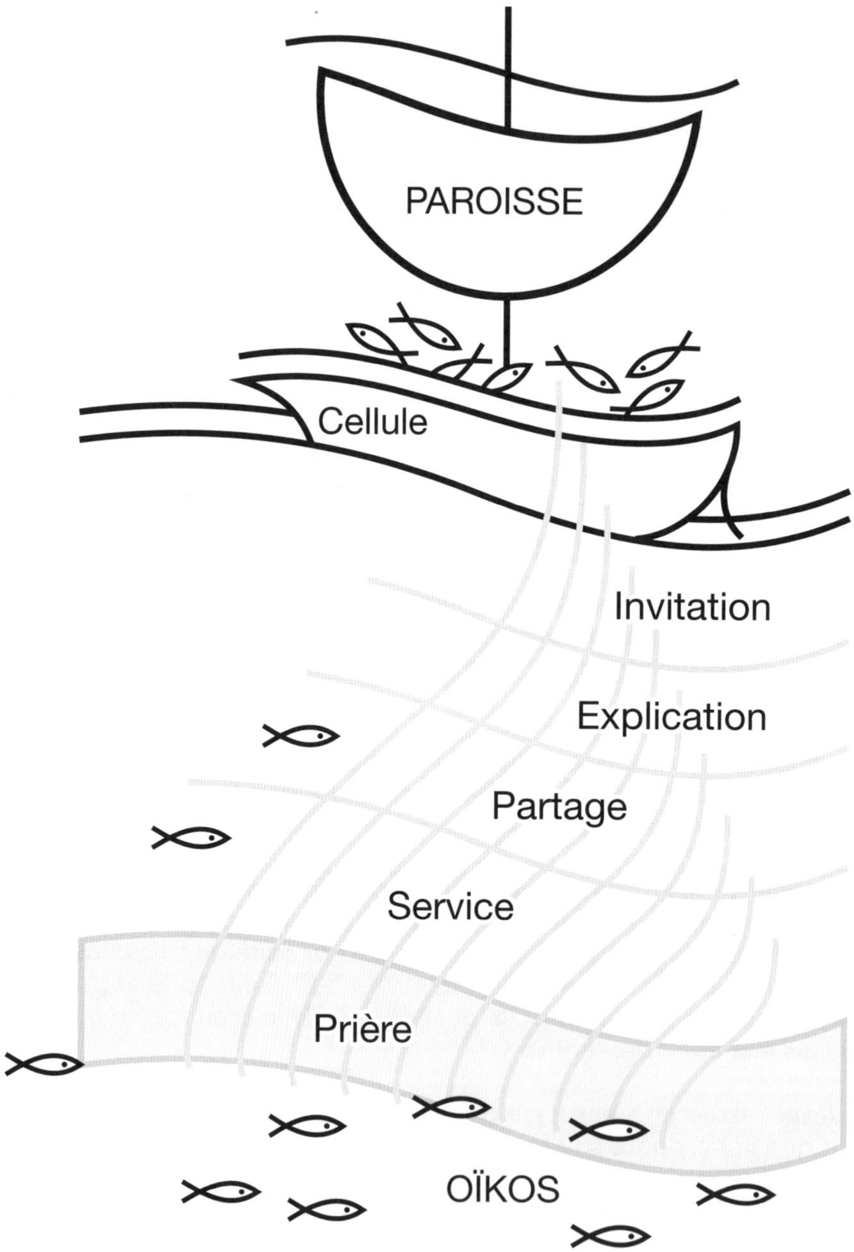

3- La nécessité de la prière

Il nous est impossible de prétendre pouvoir parler de Jésus et le proclamer Seigneur sans lui confier, à lui et à son Esprit, notre tâche d'évangélisation.

Fais-moi connaître tes chemins, Seigneur ; enseigne-moi tes routes. Fais-moi cheminer vers ta vérité et enseigne-moi, car tu es le Dieu qui me sauve. Je t'attends tous les jours. (Ps 25, 4-5)

Nous devons aussi nous rappeler ce que le Pape Paul VI écrivait :

« Les techniques d'évangélisation sont bonnes, mais les plus perfectionnées ne sauraient remplacer l'action discrète de l'Esprit... Si l'Esprit de Dieu a une place éminente dans toute la vie de l'Église, c'est dans la mission évangélisatrice de celle-ci qu'il agit le plus. Ce n'est pas par hasard que le grand départ de l'évangélisation eut lieu le matin de Pentecôte, sous le souffle de l'Esprit. On peut dire que l'Esprit Saint est l'agent principal de l'évangélisation : c'est lui qui pousse chacun à annoncer l'Évangile et c'est lui qui dans le tréfonds des consciences fait accepter et comprendre la Parole du salut. Mais l'on peut dire également qu'il est le terme de l'évangélisation : lui seul suscite la nouvelle création, l'humanité nouvelle à laquelle l'évangélisation doit aboutir, avec l'unité dans la variété que l'évangélisation voudrait provoquer dans la communauté chrétienne. » (EN §-75)

Jésus nous a confié la tâche d'évangéliser. L'Église nous pousse à le faire avec courage. C'est une tâche difficile, voire impossible si l'on s'en tient aux seules capacités humaines. Jésus lui-même, après sa résurrection, a ordonné aux disciples de ne pas s'éloigner de Jérusalem, mais d'attendre le Saint Esprit : la force spirituelle pour accomplir la mission *(lire avec attention : Ac 1, 4-8)*.

Le Saint Esprit est l'amour qui unit le Père et le Fils ; il est répandu sur les hommes afin qu'ils puissent connaître le Père et proclamer que Jésus est le Seigneur *(cf. 1 Co 12, 3)*. Sa présence dans le coeur des croyants leur permet de vivre dans l'amour réciproque, selon le commandement de Jésus *(cf. Ép 4, 1-6 ; Rm 14, 15-19)*.

L'Esprit de Dieu connaît l'intimité des coeurs et les chemins à emprunter pour parvenir à les toucher. C'est lui qui met sur nos lèvres les paroles capables de convaincre, de communiquer la joie de la vérité, la certitude de l'amour miséricordieux du Père. C'est lui qui rend efficaces nos gestes et toutes nos actions pour l'évangélisation.

C'est pour cette raison que, seules la prière insistante et l'invocation humble et explicite du don du Saint-Esprit et de sa force charismatique, comme on le voit dans les Actes des Apôtres *(cf. Ac 4, 24-31)*, pourront rendre efficace notre effort d'annonce de l'Évangile. Le Saint-Esprit, invoqué chaque jour, inspire et anime la prière qui nous rend toujours plus conformes au Christ *(cf. Ga 2, 20)*.

4- Les différentes formes de prière

Avec l'Esprit Saint, la prière s'exprime dans des formes très variées :

➤ dans la louange, qui proclame les merveilles que Dieu accomplit dans notre vie, dans la vie de la communauté, dans toute la création, et dans chaque événement ;

➤ dans la célébration de l'eucharistie, source et sommet de la vie et de la mission de l'Église *(cf. SC §-10 et PO §-5)*, manifestation quotidienne de la communion en Christ ;

➤ dans le remerciement pour tous les bienfaits de Dieu ;

➤ dans l'intercession pour les faiblesses et les besoins des hommes ;

➤ dans l'écoute de la parole de Dieu à travers sa lecture, sa méditation, sa contemplation et la décision de la mettre en pratique *(cf. Jc 1, 22-25)* ;

➤ dans l'adoration silencieuse, pour devenir des contemplatifs toujours plus amoureux de Jésus, dans l'abandon confiant en lui et l'humble soumission à ses volontés.

5- La beauté de la prière

La prière est la respiration de la vie chrétienne et la source de l'évangélisation. La prière est notre union toujours plus profonde avec Dieu. Elle est authentique quand nous établissons avec lui une relation qui a les caractéristiques suivantes :

C'est une relation vivante	Une rencontre vivante avec chacune des personnes de la Sainte Trinité : Dieu le Père, Dieu le Fils et Dieu le Saint Esprit.
C'est un rapport vrai	L'homme se présente à Dieu tel qu'il est, sans masque, comme le publicain qui, au fond du temple, disait : *« O Dieu, prends pitié du pécheur que je suis. » (Lc 18, 13)*
C'est un rapport intime et profond	Dans la Bible, Dieu se présente comme Père, comme mère, comme époux, comme ami, pour inviter l'homme à établir un rapport intime avec Lui.
C'est un rapport transformant et vital	La rencontre authentique avec Dieu change la vie !

L'Église a toujours été en prière

Dès l'origine, l'Église a manifesté qu'elle priait : *Ils étaient assidus... à la fraction du pain (l'eucharistie) et aux prières... unanimes, ils se rendaient, chaque jour, assidûment au Temple... Ils louaient Dieu (cf. Ac 2, 42-47)*. Par la suite, l'Église a toujours été en prière. Si nous lisons le livre des Actes, nous nous rendons compte que, dans chacun des 28 chapitres, il y a au moins une référence à la prière, justement pour nous faire comprendre que la vie de prière est une caractéristique constante et permanente de l'Église. C'est pourquoi, la constitution *Sacrosanctum Concilium* du concile Vatican II reprend le second chapitre des Actes des Apôtres *(versets 41-42.47)* et poursuit : « Jamais, par la suite, l'Église n'omit de se réunir pour célébrer le mystère pascal. » Depuis le jour de la Pentecôte jusqu'à aujourd'hui, jamais l'Église n'a omis de se réunir en prière. Il n'y a pas eu un jour, pas une époque où l'Église ait cessé de prier *(cf. SC §-6-8 ; C. M. MARTINI, Parole sulla Chiesa, Centro Ambrosiano-ed. Piemme, MI 1986, 15-16)*.

Toute paroisse doit devenir une authentique « école » de prière

Nous comprenons pourquoi, au lendemain du grand Jubilé de l'an 2000, Jean-Paul II espérait une nouvelle ferveur dans la vie ordinaire des paroisses. Il écrivait en effet : *« nos communautés chrétiennes doivent devenir d'authentiques « écoles » de prière, où la rencontre avec le Christ ne s'exprime pas seulement en demande d'aide, mais aussi en action de grâce, louange, adoration, contemplation, écoute, affection ardente, jusqu'à une vraie « folie » du cœur. Il s'agit donc d'une prière intense, qui toutefois ne détourne pas de l'engagement dans l'histoire : en ouvrant le cœur à l'amour de Dieu, elle l'ouvre aussi à l'amour des frères et rend capable de construire l'histoire selon le dessein de Dieu. » (NMI §-33)*

6- Comment prier pour son oïkos

Avec foi

Eh bien, moi je vous dis : demandez, on vous donnera ; cherchez, vous trouverez ; frappez, on vous ouvrira. (Lc 11, 9)

Quand nous prions pour les frères de notre oïkos, nous demandons au Seigneur leur salut et le Seigneur nous écoute certainement, car la Parole de Dieu nous dit :

[Dieu] veut que tous les hommes soient sauvés et parviennent à la connaissance de la vérité. (1 Tm 2, 4)

En invoquant l'Esprit Saint

La seule vraie prière est celle qui naît de l'intimité avec l'Esprit Saint. Au baptême et à la confirmation, nous avons reçu l'Esprit Saint, et il nous a été donné comme une « *semence divine* » *(cf. 1 Jn 3,9)*, qui doit devenir un « arbre » ; c'est-à-dire qu'il doit envahir tout notre être. C'est pourquoi, saint Séraphim de Sarov disait que « *le vrai but de la vie chrétienne, c'est l'acquisition de l'Esprit Saint.* » Il vient, en effet, en aide à notre faiblesse, parce que nous ne savons même pas quoi demander. C'est l'Esprit qui sonde les cœurs et intercède avec insistance pour les croyants, en des gémissements ineffables, selon les vues de Dieu *(cf. Rm 8, 26-27)*.

Avec persévérance

Il est bon de prier tous les jours pour les frères de notre oïkos que nous voulons évangéliser en premier. Jésus nous enseigne à prier sans cesse, sans nous lasser *(cf. Lc 18, 1-8)* et saint Paul nous rappelle :

Que l'Esprit suscite votre prière sous toutes ses formes, vos requêtes, en toutes circonstances ; employez vos veilles à une infatigable intercession pour tous les saints. (Ép 6, 18)

En bénissant

Bénir veut dire aussi consacrer, sanctifier, glorifier, exprimer de la gratitude, être reconnaissant, souhaiter le bien, invoquer la protection divine, dire du bien... C'est avec ces sentiments que nous présentons nos frères à Jésus. Quand nous prions pour les membres de notre oïkos, nous pouvons prier en les bénissant comme le Seigneur Dieu avait ordonné à Moise :

Que le Seigneur te bénisse et te garde ! Que le Seigneur fasse rayonner sur toi son regard et t'accorde sa grâce ! Que le Seigneur porte sur toi son regard et te donne la paix ! (Nb 6, 24-26)

En pardonnant

Et quand vous êtes debout en prière, si vous avez quelque chose contre quelqu'un, pardonnez, pour que votre Père qui est aux cieux vous pardonne aussi vos fautes. (Mc 11, 25)

Quand nous prions pour notre *oïkos*, il peut nous arriver de sentir dans notre cœur une certaine difficulté, mais pardonner est possible si nous mettons en pratique ce que saint Paul écrivait aux Colossiens :

Puisque vous êtes élus, sanctifiés, aimés par Dieu, revêtez donc des sentiments de compassion, de bienveillance, d'humilité, de douceur, de patience. Supportez-vous les uns les autres, et si l'un a un grief contre l'autre, pardonnez-vous mutuellement ; comme le Seigneur vous a pardonné, faites de même, vous aussi. (Col 3, 12-13)

En adorant

Chaque semaine, nous consacrons au moins une heure d'adoration devant l'Eucharistie. L'adoration eucharistique nous fait reconnaître que Jésus est le Seigneur, le Tout-Puissant, le seul qui, avec le Père, répande l'Esprit Saint : *« Si quelqu'un a soif, qu'il vienne à moi, et que boive celui qui croit en moi. Comme l'a dit l'Écriture: "De son sein couleront des fleuves d'eau vive". » (Jn 7, 37-38)*

C'est une prière qui guérit les cœurs, éloigne les divisions, redonne l'espérance, renouvelle le désir de servir les frères. La prière d'adoration est l'occasion, alors que je demeure devant le Seigneur, de m'offrir moi-même et d'offrir mes frères.

7- L'adoration eucharistique : le premier pilier du système

L'adoration eucharistique est le premier pilier, car c'est le Seigneur que nous annonçons et non nous-mêmes ! *« Mon enseignement ne vient pas de moi » (Jn 7, 16)*. Si nous nous annonçons nous-mêmes – observe Benoît XVI – nous restons retranchés dans notre pauvre moi et nous y entraînons les autres. Si nous l'annonçons Lui, nous devenons *« coopérateurs de Dieu. » (1 Co 3, 9, trad. litt.)*

Ainsi celui qui plante n'est rien, celui qui arrose n'est rien : Dieu seul compte, lui qui fait croître. (1 Co 3, 7)

C'est donc l'Eucharistie qui fait l'Église, c'est-à-dire qui l'édifie continuellement. En nous donnant le Corps du Christ, elle fait de nous un seul corps, dans une communion toujours plus pleine et parfaite, de façon à rendre crédible la mission. « *Regarde comme ils s'aiment !* » disait Tertullien des premiers chrétiens, *et chaque jour augmentait le nombre des croyants (cf. Ac 2, 47 ; 5, 14). (cf. J. RATZINGER, La Chiesa, Paoline, Cinisello Balsamo MI 1991, 26; 143-144)*

Pourquoi est-ce si important ?

Parce que l'adoration est l'attitude de prière par laquelle nous proclamons la sainteté de Dieu, et nous nous inclinons devant sa gloire. En adorant Jésus, nous découvrirons la sainteté et la proximité de Dieu, car seul le Christ rend une louange parfaite au Père.

Nous demandons longuement et avec ferveur à l'Esprit Saint ce don d'adoration qui nous configure à Jésus, lequel, à son tour, nous conduira au cœur du Père et nous fera participer à l'étreinte d'amour qui circule dans la Sainte Trinité.

Le Père est l'Amant, le Fils est l'Aimé, l'Esprit Saint est l'Amour qui circule entre le Père et le Fils dans une parfaite compénétration. Toute la personnalité du Père réside dans le fait de *donner* la Vie au Fils ; toute la personnalité du Fils réside dans le fait de *donner* une Gloire infinie au Père ; toute la personnalité de l'Esprit Saint réside dans le fait d'être le *Don réciproque* du Père et du Fils.

Mais alors, l'évangélisation ? l'oïkos ?

Dans notre prière d'adoration, portons nos désirs d'annoncer le Christ, ainsi que chaque frère de notre oïkos. Déposons tout au pied du Saint Sacrement, laissons-nous regarder par Dieu qui est la vraie source où puiser grâce sur grâce. Laissons-nous façonner et remodeler à son Image. Alors, jour après jour, nos pensées, nos paroles, nos actions seront sanctifiées, purifiées et elles pourront illuminer le cœur de tant de frères.

Où adorer ?

Dans une chapelle où se trouve le Saint Sacrement, si possible dans la paroisse à laquelle appartiennent les cellules, parce qu'ainsi se renforce le lien avec la communauté. La participation à ce service permet d'avoir une adoration continue de l'Eucharistie, centre et cœur de la vie de la paroisse.

Le vrai lieu de notre prière incessante est notre cœur ; faisons taire toute amertume, toute préoccupation, toute difficulté, surtout faisons taire notre « moi » pour permettre à Dieu de se révéler à nous comme « Père ».

Pour toi, quand tu veux prier, entre dans ta chambre la plus retirée, verrouille ta porte et adresse ta prière à ton Père qui est là dans le secret. Et ton Père, qui voit dans le secret, te le rendra. (Mt 6, 6)

D'expérience, nous pouvons dire que là où il y a l'adoration eucharistique,
les cellules fonctionnent et se multiplient ; là où elle n'existe pas, les cellules ne progressent pas.

Il est donc fondamental de partir de l'adoration.

C- ÉTUDE DE LA BIBLE — 1

I. Lisez et méditez le passage biblique suivant : *Lc 11, 5-13.*

Ne vous êtes-vous jamais demandé :

1) Pourquoi dois-je prier pour ce problème, puisque la solution me semble impossible ?

2) Pourquoi le Seigneur devrait-il m'exaucer, moi qui ne suis pas un saint ?

II. Lisez et méditez les passages bibliques suivants :

- *Lc 11, 1-4*
- *1 Jn 5, 14-15*

Quand je désire prier pour les membres de mon oïkos, comment dois-je prier ?

D- TRAVAIL DE LA 2e SEMAINE

_____ J'ai lu dans Evangelii nuntiandi les nos 17-24.

_____ J'ai mémorisé « les huit étapes du Filet ».

_____ J'ai mémorisé « le mandat missionnaire » : Jn 20, 21-22.

_____ J'ai prié et revu la liste de mon oïkos.

_____ J'ai approfondi l'Étude de la Bible – 1.

Ai-je des questions ou des difficultés concernant la liste de mon oïkos ?

L'idée la plus utile que j'aie trouvée dans Evangelii nuntiandi aux numéros 17 à 24 est :

TROISIÈME SESSION

Le Mandat missionnaire selon Ac 1, 8

Le processus d'évangélisation : **le service**

SOMMAIRE

A- LE PROCESSUS D'ÉVANGÉLISATION

1- La 3e étape du « Filet » : le service

« Venez à ma suite et je vous ferai devenir pêcheurs d'hommes »
(Mc 1, 17, trad. litt.)

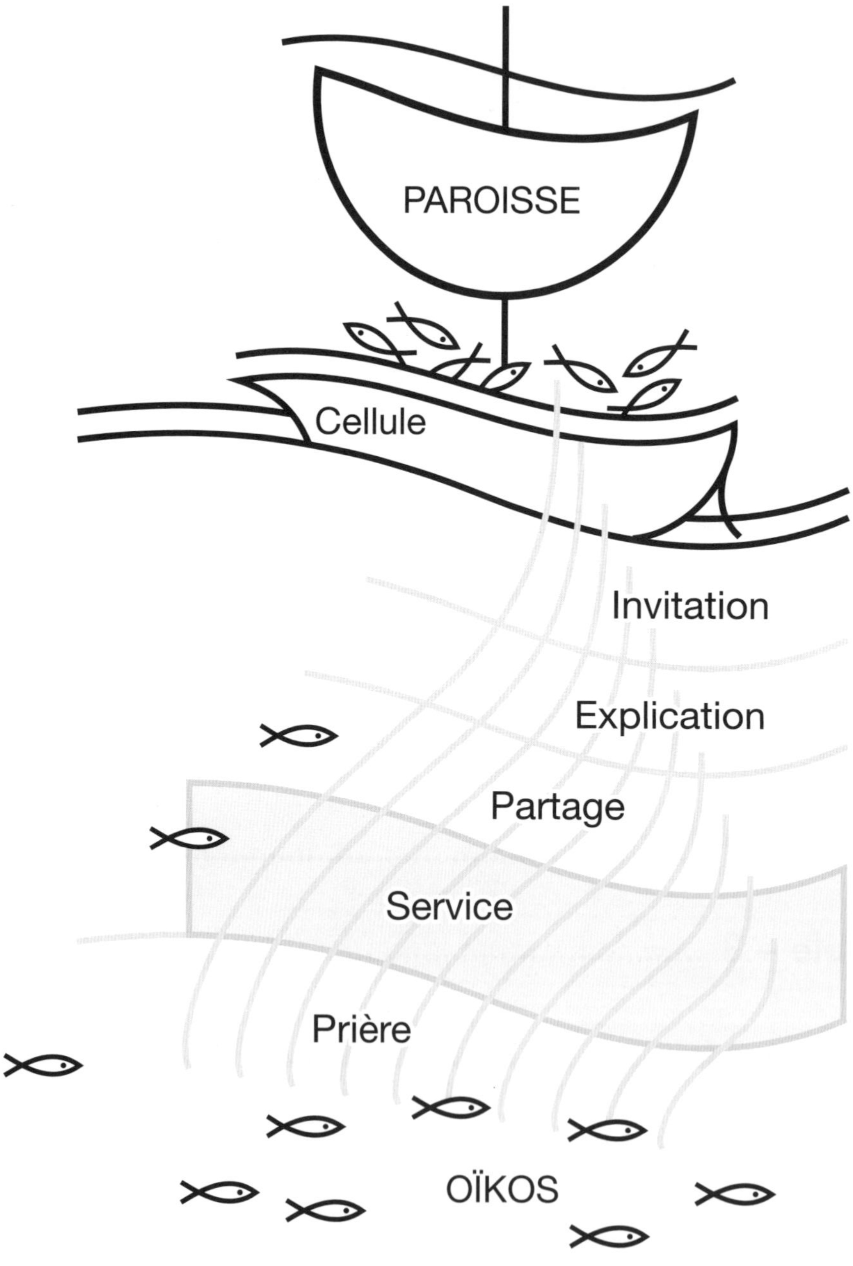

2- Le mandat missionnaire : « Vous serez mes témoins »

On prêchera en son nom
la conversion et le pardon des péchés
à toutes les nations, à commencer par Jérusalem.
C'est vous qui en êtes les témoins.
Et moi, je vais envoyer sur vous
ce que mon Père a promis.
(Lc 24, 47-49)

Vous allez recevoir
une puissance,
celle du Saint Esprit qui viendra sur vous ;
vous serez alors mes témoins
à Jérusalem, dans toute la Judée et la Samarie,
et jusqu'aux extrémités de la terre.
(Ac 1, 8)

Dans l'Évangile de Luc, Jésus ressuscité nous présente le mandat missionnaire d'une manière étonnante. Alors que dans Matthieu, Marc et Jean, Jésus utilise les verbes à l'impératif, dans Luc les verbes sont au présent ou au futur. Il n'affirme pas le mandat missionnaire sous forme de commandement, mais sous forme de promesse prophétique. Cela est particulièrement évident dans la version des Actes des Apôtres où Jésus ressuscité s'apprête à monter vers le Père :

- « Vous allez recevoir une puissance… »
- « Vous serez alors mes témoins… »

Jésus ressuscité se présente comme un prophète qui nous fait la promesse de son Esprit Saint. C'est Lui qui nous transformera en témoins vivants de sa résurrection, de son salut, de sa grâce. Dans ce dynamisme prophétique de l'Esprit Saint, l'évangélisateur est invité à se laisser investir, à se laisser habiter et transformer par cette puissance divine. Nous sommes invités à recevoir ce que le Père nous a promis par Jésus.

En accueillant cette promesse de Jésus et Celui qui est promesse vivante et accomplie, l'Esprit Saint, laissons-nous transformer pour devenir, comme Jésus, témoins dans la puissance d'amour du Père pour nos frères et sœurs.

Et d'abord, sans répéter tout ce que Nous avons déjà rappelé plus haut, il est bon de souligner ceci : pour l'Église, le témoignage d'une vie authentiquement chrétienne, livrée à Dieu dans une communion que rien ne doit interrompre mais également donnée au prochain avec un zèle sans limite, est le premier moyen d'évangélisation. « L'homme contemporain écoute plus volontiers les témoins que les maîtres — disions-Nous récemment à un groupe de laïcs — ou s'il écoute les maîtres, c'est parce qu'ils sont des témoins ». Saint Pierre l'exprimait bien lorsqu'il évoquait le spectacle d'une vie pure et respectueuse, « gagnant sans paroles même ceux qui refusent de croire à la Parole » (1 P 3, 1).
C'est donc par sa conduite, par sa vie, que l'Église évangélisera tout d'abord le monde, c'est-à-dire par son témoignage vécu de fidélité au Seigneur Jésus, de pauvreté et détachement, de liberté face aux pouvoirs de ce monde, en un mot, de sainteté.
(EN §-41)

B- LA TROISIÈME ÉTAPE : LE SERVICE

Nous avons vu qu'à la base de toute évangélisation, il doit y avoir la prière. Elle devra toujours accompagner et guider toutes les étapes successives. Benoît XVI écrit en effet : « *Celui qui veut donner de l'amour doit, lui aussi, le recevoir comme un don. L'homme peut assurément, comme nous le dit le Seigneur, devenir source d'où sortent des fleuves d'eau vive (cf. Jn 7, 37-38). Mais pour devenir une telle source, il doit lui-même boire toujours à nouveau à la source première et originaire qui est Jésus Christ, du cœur transpercé duquel jaillit l'amour de Dieu (cf. Jn 19, 34).* » *(DCE §-7)* À la lumière de cette vérité, examinons maintenant la troisième étape : « le service. »

1. Que signifie servir ?

Servir, c'est avant tout manifester l'Amour trinitaire
que nous avons reconnu et en qui nous avons cru : Dieu est Amour.
Il nous a aimés le Premier,
Il nous a envoyé son Fils pour nous sauver
et, à travers son Sacrifice, Il a répandu son Esprit d'Amour
dans nos cœurs (cf. 1 Jn 4, 16.19 ; Rm 5, 5).
Servir signifie par conséquent vivre l'amour
et, de cette façon, faire entrer la lumière de Dieu dans le monde.
« Si tu vois la charité, - écrivait St Augustin – tu vois la Trinité. »
(DCE §-19 et 39)

Si donc vous voulez évangéliser votre oïkos, vous ne devrez pas commencer par parler de Jésus et de l'Évangile, mais vous devrez en témoigner par votre vie. Très souvent, le fait de parler prématurément de Jésus peut être contre-productif. Le frère doit être avant tout servi.

2. Pourquoi devenir serviteurs ?

Si quelqu'un veut être grand parmi vous,
qu'il soit votre serviteur.
Et si quelqu'un veut être le premier parmi vous,
qu'il soit l'esclave de tous.
Car le Fils de l'homme est venu non pour être servi,
mais pour servir et donner sa vie en rançon pour la multitude.
(Mc 10, 43-45)

Servir est la méthode choisie par Jésus

Lui qui est de condition divine n'a pas considéré comme une proie à saisir d'être l'égal de Dieu. Mais il s'est dépouillé, prenant la condition de serviteur, devenant semblable aux hommes, et, reconnu à son aspect comme un homme ; il s'est abaissé, devenant obéissant jusqu'à la mort, à la mort sur une croix. (Ph 2, 6-8)

Lorsqu'il eut achevé de leur laver les pieds, Jésus prit son vêtement, se remit à table et leur dit : « Comprenez-vous ce que j'ai fait pour vous ? Vous m'appelez " le Maître et le Seigneur " et vous dites bien, car je le suis. Dès lors, si je vous ai lavé les pieds, moi, le Seigneur et le Maître, vous devez, vous aussi, vous laver les pieds les uns aux autres. (Jn 13, 12-14)

Benoît XVI affirme : « Un nouvel élément apparaît ici. La montée vers Dieu a lieu précisément lorsqu'on s'abaisse à servir humble*ment, qu'on s'abaisse par amour qui est l'essence de Dieu et par là même la force qui purifie véritablement, qui rend l'homme capable de percevoir Dieu et de le voir. En Jésus Christ, Dieu lui-même s'est révélé en s'abaissant (cf. Ph 2, 6-9). » (Jésus de Nazareth, Flammarion, 2007, 116)*

Qu'est-ce que Jésus a fait pour nous ?

- Lui, qui est le Seigneur et le Maître, n'est pas venu pour être servi, mais pour servir.
- Il considère « grand » celui qui se donne entièrement au service des autres.

Servir est donc la méthode adoptée par le Maître. Jésus, qui est le Serviteur parfait du Père, nous suggère, par son exemple : « Si vous voulez être comme Moi, la seule chose que vous devez faire, c'est de servir ! »

Car c'est un exemple que je vous ai donné : ce que j'ai fait pour vous, faites-le vous aussi. (Jn 13, 15)

Servir est la méthode choisie par Marie. Quand Marie accueillit l'appel de Dieu à devenir la Mère du Sauveur, elle n'hésita pas à se déclarer sa servante : *« Je suis la servante du Seigneur. » (Lc 1, 38)* Par la suite, toutes les générations l'appelleront « bienheureuse », justement parce qu'elle est devenue, pour toute l'Église et pour toute l'humanité, le modèle parfait de l'humble servante du Seigneur : *« ...il a porté son regard sur son humble servante. Oui, désormais, toutes les générations me proclameront bienheureuse. » (Lc 1, 48)*

La méthode de Jésus et de Marie est source de joie infinie !

La méthode de Jésus et de Marie est accessible à tous ! Tous, au travers de petits gestes animés par un amour sincère, peuvent servir, et ils en éprouveront une joie infinie. Dieu, en effet, proclamera « bienheureux » ces serviteurs qu'il trouvera au travail à son retour *(cf. Mt 24, 46)*. Comme ce sera beau alors d'être accueillis par le Père, au soir de notre vie, avec ces mots :

C'est bien, bon et fidèle serviteur, tu as été fidèle en peu de choses, sur beaucoup je t'établirai ; viens te réjouir avec ton maître ! (Mt 25, 21)

3. Pourquoi le Seigneur nous appelle-t-il à servir ?

Parce que Jésus Christ, par sa Mort et sa Résurrection, nous a libérés du péché, de l'égoïsme, de l'orgueil. Nous sommes devenus enfants de Dieu, cohéritiers du Christ et demeure de l'Esprit Saint.

En mourant sur la croix, Jésus – comme le souligne l'Évangéliste – « remit l'esprit » *(cf. Jn 19, 30)*,
prélude du don de l'Esprit Saint qu'Il ferait après la résurrection *(cf. Jn 20, 22)*.
Se réaliserait ainsi la promesse des « fleuves d'eau vive » qui, grâce à l'effusion de l'Esprit,
jailliraient du cœur des croyants *(cf. Jn 7, 38-39)*.
En effet, l'Esprit, est la puissance intérieure
qui met leur cœur au diapason du coeur du Christ,
et qui les pousse à aimer leurs frères comme lui les a aimés,
quand il s'est penché pour laver les pieds de ses disciples *(cf. Jn 13, 1-13)*
et surtout quand il a donné sa vie pour tous *(cf. Jn 13, 1 ; 15, 13)*.

(DCE §-19)

Que l'amour soit sincère. Fuyez le mal avec horreur, attachez-vous au bien. Que l'amour fraternel vous lie d'une mutuelle affection ; rivalisez d'estime réciproque. (Rm 12, 9-10)

Servir les frères avec amour est le premier signe de notre conversion :

• Parce que, dans le service, nous nous réalisons comme personnes. Servir est une vocation tout à fait naturelle, parce que l'être humain est naturellement serviteur. Pensons, par exemple, aux relations à l'intérieur de la famille où le service, entre les conjoints, entre parents et enfants ou entre frères, est un style de vie quotidien. Tout homme est créé pour servir. C'est dans le service seul que l'être humain découvre sa propre dignité et celle des autres. Sur terre, l'homme voudrait développer toutes ses facultés, mais, pour différentes raisons, il ne peut y parvenir. Pourtant, il devient pleinement lui-même, c'est-à-dire mature, quand il développe ce qui est au centre de son être : sa capacité à aimer et à se donner. Le Seigneur nous appelle à vivre ce don de soi à travers un service semblable au sien. Quand les relations interpersonnelles s'inspirent du service chrétien, il se crée un monde nouveau. Observons encore la famille. Quand elle vit la grâce spécifique du sacrement de mariage, elle est en elle-même, comme communauté de vie et d'amour, « une joyeuse nouvelle pour le monde » !

• Parce que, servir, est la véritable façon de devenir grand. Jésus ne nous interdit pas d'être le premier, mais il nous dit comment procéder :

Si quelqu'un veut être grand parmi vous, qu'il soit votre serviteur, et si quelqu'un veut être le premier parmi vous, qu'il soit votre esclave. (Mt 20, 26-27)

Au premier abord, cette proposition de Jésus peut paraître décevante et mortifiante pour notre aspiration naturelle à être le premier, à être important. Jésus, pour sa part, ne condamne pas cette aspiration, mais il l'oriente vers notre bien authentique. Il affirme, en effet, que notre grandeur ne dépend pas de notre « pouvoir » sur les autres, mais de notre « service » des autres, comme il nous en donne lui-même l'exemple par sa vie. Il s'agit, en définitive, d'imiter son exemple, lorsqu'après avoir exercé le service le plus humble envers les disciples au moment du lavement des pieds, il ajoute : « vous devez, vous aussi, vous laver les pieds les uns aux autres. » *(Jn 13, 14)*

4. Comment servir ?

Les Saintes Écritures nous invitent à servir les frères de la façon suivante :

➤ **Avec amour :** *Je vous donne un commandement nouveau : aimez-vous les uns les autres. Comme je vous ai aimés, aimez-vous les uns les autres. À ceci, tous vous reconnaîtront pour mes disciples : à l'amour que vous aurez les uns pour les autres. (Jn 13, 34-35)*

➤ **Concrètement et avec cohérence :** *Mes petits enfants, n'aimons pas en paroles et de langue, mais en acte et dans la vérité. (1 Jn 3, 18)*

La foi devient agissante dans l'amour *(cf. DCE §-31a et Ga 5, 6)*.

Si quelqu'un dit : « J'aime Dieu », et qu'il haïsse son frère, c'est un menteur. En effet, celui qui n'aime pas son frère qu'il voit, ne peut pas aimer Dieu qu'il ne voit pas. Et voici le commandement que nous tenons de lui : celui qui aime Dieu, qu'il aime aussi son frère. (1 Jn 4, 20-21)

Tout ce que vous voulez que les hommes fassent pour vous, faites-le vous-mêmes pour eux. (Mt 7, 12)

➤ **Gratuitement, de façon complètement désintéressée, en cherchant uniquement le véritable bien du frère :** *Vous avez reçu gratuitement, donnez gratuitement. (Mt 10, 8)*

➤ **Avec humilité :** servir uniquement parce que le Seigneur nous en fait le don et que nous sommes de simples instruments dans ses mains *(cf. DCE §-35)*.

Ne faites rien par rivalité, rien par gloriole, mais, avec humilité, considérez les autres comme supérieurs à vous. (Ph 2, 3)

➤ **Sans jugement :** *Ne vous posez pas en juges, afin de n'être pas jugés ; car c'est de la façon dont vous jugez qu'on vous jugera, et c'est la mesure dont vous vous servez qui servira de mesure pour vous. (Mt 7, 1-2)*

➤ **Avec foi :** *« Ne t'ai-je pas dit que, si tu crois, tu verras la gloire de Dieu ? » (Jn 11, 40)*

Demandez, on vous donnera ; cherchez, vous trouverez ; frappez, on vous ouvrira. En effet, quiconque demande reçoit, qui cherche trouve, à qui frappe on ouvrira. (Mt 7, 7-8)

➤ **Avec joie :** *Que chacun donne selon la décision de son cœur, sans chagrin ni contrainte, car Dieu aime celui qui donne avec joie. (2 Co 9, 7)*

➤ **Avec persévérance :** *Faisons le bien sans défaillance ; car, au temps voulu, nous récolterons si nous ne nous relâchons pas. (Ga 6, 9)*

➤ **Avec compassion, en incarnant la tendresse et la miséricorde de Dieu :** *J'ai pitié de cette foule, car voilà déjà trois jours qu'ils restent auprès de moi et ils n'ont pas de quoi manger. (Mc 8, 2)*

Un lépreux s'approche de lui ; il le supplie et tombe à genoux en lui disant : « Si tu le veux, tu peux me purifier. » Pris de pitié, Jésus étendit la main et le toucha. Il lui dit : « Je le veux, sois purifié. » (Mc 1, 40-41)

Mais un Samaritain qui était en voyage arriva près de l'homme : il le vit et fut pris de pitié. (Lc 10, 33)

Je me suis fait tout à tous pour en sauver sûrement quelques-uns. (1 Co 9, 22)

➤ **En reconnaissant dans le frère le visage du Seigneur :** *Chaque fois que vous l'avez fait à l'un de ces plus petits, qui sont mes frères, c'est à moi que vous l'avez fait ! (Mt 25, 40)*

➤ **Avec la certitude, qui découle de la vertu d'espérance, que notre service donnera des fruits abondants :** *Donnez et on vous donnera ; c'est une bonne mesure, tassée, secouée, débordante, qu'on vous versera dans le pan de votre vêtement, car c'est la mesure dont vous vous servez qui servira aussi de mesure pour vous. (Lc 6, 38)*

Car ce que l'homme sème, il le récoltera. (Ga 6, 7b)

Dieu ne se laisse pas vaincre en générosité quand nous servons les frères.

5. Quand servir ?

Nous sommes appelés à servir *« tout le temps »*, surtout au moment où les personnes que nous servons connaissent des périodes dites de transition ou de stress.

Quand survient, au cours du déroulement normal de la vie, un événement inhabituel, qu'il soit positif ou négatif, on entre dans une situation de *transition ou de stress*. L'expérience montre que, dans ces circonstances, les personnes sont plus réceptives pour accueillir l'aide et le soutien des autres.

Ce peut être pour nous une occasion d'entrer en relation avec le frère et de le servir dans son besoin.

Cherche la plaie et guéris-la !

Si un événement de ce type arrive dans la vie de ceux qui font partie de notre *oïkos*, nous devons croire que le Seigneur veut nous utiliser comme instruments pour faire passer tout son amour et toute sa miséricorde.

Benoît XVI exhorte tous les chrétiens à choisir *l'Hymne à la charité* de saint Paul *(cf. 1 Co 13)* comme Charte de leur service. Il nous rappelle en particulier : « *L'action concrète demeure insuffisante si, en elle, l'amour pour l'homme n'est pas perceptible, un amour qui se nourrit de la rencontre avec le Christ. La participation profonde et personnelle aux besoins et aux souffrances d'autrui devient ainsi une façon de m'associer à lui : pour que le don n'humilie pas l'autre, je dois lui donner non seulement quelque chose de moi, mais moi-même, je dois être présent dans le don en tant que personne.* » *(DCE §-34)*

Exemples de situations de transition ou de stress

Mariage

Maternité

Agrandissement de la famille

Promotion à de nouvelles responsabilités

Changement de résidence

Changement d'horaire et/ou de conditions de travail

Problèmes de relations dans le milieu familial et social

Séparation conjugale ou divorce

Décès du conjoint, d'un membre de la famille ou d'un ami

Graves problèmes professionnels et économiques

Maladie ou accident graves

Dépression et anxiété

Quelques suggestions pour aider celui qui est dans le besoin :

1. **Mettre le Seigneur au centre de tout.** C'est ce qui est le plus important.

   Cherchez plutôt son Royaume, et cela vous sera donné par surcroît. (Lc 12, 31)

   Je suis le Chemin et la Vérité et la Vie. (Jn 14, 6)

2. **Être accueillant, disponible et attentionné.** Saisir chaque opportunité. Ne pas renvoyer à demain ce qui peut être fait aujourd'hui.

   L'Amour du Christ nous étreint. (2 Co 5, 14)

3. **Écouter attentivement.**

   Que nul ne néglige d'être prompt à écouter, lent à parler. (Jc 1, 19)

4. Être souriant et délicat.

Réjouissez-vous dans le Seigneur en tout temps ; je le répète, réjouissez-vous. Que votre bonté soit reconnue par tous les hommes. Le Seigneur est proche. (Ph 4, 4-5)

5. Ne pas trop s'impliquer sur le plan affectif et ne pas dramatiser. Se proposer avec simplicité et chercher à résoudre les problèmes à la racine.

Ne soyez inquiets de rien, mais, en toute occasion, par la prière et la supplication accompagnée d'action de grâces, faites connaître vos demandes à Dieu. Et la paix de Dieu, qui surpasse toute intelligence, gardera vos coeurs et vos pensées en Jésus-Christ. (Ph 4, 6-7)

6. Ne pas penser que la situation soit impossible à changer.

Rien n'est impossible à Dieu. (Lc 1, 37)

7. Être patient et confiant.

Prenez donc patience, frères, jusqu'à la venue du Seigneur. Voyez le cultivateur : il attend le fruit précieux de la terre sans s'impatienter à son propos tant qu'il n'en a pas recueilli du précoce et du tardif. Vous aussi, prenez patience, ayez le cœur ferme, car la venue du Seigneur est proche. (Jc 5, 7-8)

8. Être attentif et sincère.

Quand vous parlez, dites "Oui" ou "Non" : tout le reste vient du Malin. (Mt 5, 37)

9. Ne pas avoir d'attitude de jugement ni de condamnation. Ne pas nous poser en juge de notre frère, parce que ce n'est pas notre rôle, mais ouvrir notre cœur pour le comprendre.

10. Ne pas être mauvaise langue, mais discret et prudent. Les commérages tuent la confiance réciproque et compromettent l'évangélisation, tant dans nos rapports avec le frère évangélisé qu'avec les autres personnes rencontrées. Dans le magasin où travaillait la maman de Mère Teresa de Calcutta, il y avait une inscription : « Ici, on n'accepte pas les commérages. »

Si quelqu'un ne trébuche pas lorsqu'il parle, il est un homme parfait, capable de tenir en bride son corps entier. (Jc 3, 2 ; voir chapitre 3)

11. Être conscient de ses limites et se rappeller que nous ne sommes pas seuls. Dans les situations les plus difficiles, demander l'aide de la « structure » des cellules et de la communauté paroissiale.

12. Être généreux.

Ne refuse pas de faire du bien à qui en a besoin quand tu peux le faire. (Pr 3, 27)

La générosité découle du désir de prendre en charge les problèmes du frère, soit en lui consacrant du temps, soit en l'aidant sur le plan matériel. Dieu ne nous demandera jamais de faire ce qui n'est pas dans nos possibilités. Cependant, il arrivera souvent qu'en servant, nous soyons conduits par Dieu à faire des choses qui nous semblaient impossibles.

En résumé :

**Ayons un cœur de serviteur,
comme celui de Jésus !**

HYMNE À L'AMOUR

(1 Co 13, 1-8a)

Quand je parlerais en langues, celle des hommes et celle des anges,
s'il me manque l'amour, je suis un métal qui résonne,
une cymbale retentissante.

Quand j'aurais le don de prophétie,
la science de tous les mystères et de toute la connaissance
quand j'aurais la foi la plus totale, celle qui transporte les montagnes,
s'il me manque l'amour, je ne suis rien.

Quand je distribuerais tous mes biens aux affamés,
quand je livrerais mon corps aux flammes,
s'il me manque l'amour, je n'y gagne rien.

L'amour prend patience,
l'amour rend service, il ne jalouse pas,
il ne plastronne pas, il ne s'enfle pas d'orgueil,
il ne fait rien de laid, il ne cherche pas son intérêt,
il ne s'irrite pas, il n'entretient pas de rancune,
il ne se réjouit pas de l'injustice,
mais il trouve sa joie dans la vérité.

Il excuse tout, il croit tout, il espère tout, il endure tout.
L'amour ne disparaît jamais.

C- ÉTUDE DE LA BIBLE — 2

Lisez le passage suivant, *Jn 13, 1-17,* et, en demeurant étroitement attaché au texte, répondez aux questions suivantes :

1. Dans les versets 1-3 quelles sont les quatre choses que Jésus savait ?

2. Puisqu'il connaissait ces quatre choses, que fit Jésus ?

3. Pourquoi Simon-Pierre répondit-il avec les paroles rapportées au verset 9 ?

4. Pourquoi est-il significatif que Jésus ait lavé les pieds à Judas ?

5. Faites la liste de trois personnes qui auraient besoin du « lavement des pieds. » Que pourriez-vous faire pour elles qui en soit l'équivalent ?

6. Que promet Jésus au verset 17 ?

D- ÉTUDE DE LA BIBLE — 3

Lisez attentivement le passage de *Mt 20, 25-28* et répondez aux questions suivantes :

1. Quelles sont les caractéristiques des gouvernants et des grands hommes de ce monde ?

2. De quelle manière, selon ce qu'affirme Jésus, une personne devient-elle « grande » ?

3. Quelles sont les deux choses que Jésus est venu faire ?

4. Que signifie donc être serviteur ?

5. Envers qui pouvez-vous être serviteur durant la semaine ? De quelle façon ?

E- TRAVAIL DE LA 3e SEMAINE

______ J'ai lu dans Evangelii nuntiandi les nos 25-39.

______ J'ai mémorisé « le mandat missionnaire » : Ac 1, 8.

______ J'ai complété l'Étude de la Bible – 2.

______ J'ai complété l'Étude de la Bible – 3.

L'idée la plus utile que j'aie trouvée dans Evangelii nuntiandi aux numéros 25 à 39 est :

QUATRIÈME SESSION

Le mandat missionnaire selon Mc 16, 15

Le processus d'évangélisation : **le partage**

SOMMAIRE

A- LE MANDAT MISSIONNAIRE

Allez par le monde entier,
proclamez l'Évangile à toutes les créatures.

(Mc 16, 15)

Le « Mandat missionnaire » est à nouveau proposé ici pour mettre en relief quelques idées clefs :

1. L'ordre de Jésus à ses disciples est encore d'actualité pour nous aujourd'hui, parce que nous vivons dans un monde qui, en s'éloignant de la foi, est en train de se déchristianiser.

2. Il est la tâche prioritaire de l'Église, de chaque baptisé.

3. Nous devons croire que, de l'obéissance à cet ordre, découle une autorité spirituelle effective ; Jésus ressuscité a tout pouvoir au ciel et sur la terre. Par le don de l'Esprit Saint, il communique une force charismatique réelle et efficace à ceux qui répondent à son appel :

Et moi, je suis avec vous tous les jours, jusqu'à la fin des temps. (Mt 28, 20)

Vous allez recevoir une puissance, celle de l'Esprit Saint qui viendra sur vous. (Ac 1, 8)

4. Le respect des opinions des autres ne doit pas nous empêcher de témoigner de notre foi en actes et en paroles. Dans l'évangile selon saint Marc, l'évangélisation se fait avec détermination et conviction. Jésus affirme avec autorité et sans hésitation : « Proclamez l'Évangile... »

« Cette façon respectueuse de proposer
le Christ et son Royaume,
plus qu'un droit, est un devoir de l'évangélisateur. »
(EN §-80)

B- ÉVANGÉLISER DANS LA PUISSANCE DE L'ESPRIT SAINT

La motivation la plus profonde de ce devoir d'évangéliser réside dans l'ordre de Jésus. L'élan intérieur naît de la rencontre personnelle avec le Ressuscité : la joie qui en résulte ne peut être contenue, mais doit être répandue avec la grâce de l'Esprit Saint.

Sans l'Esprit Saint,
Dieu est loin,
le Christ reste dans le passé.
L'Évangile est une lettre morte.
L'Église est une simple organisation.
L'autorité est une domination.
La mission est une propagande.
Le culte est une évocation.
L'agir chrétien est une morale d'esclaves.

Mais avec l'Esprit Saint,
le cosmos, soulevé,
gémit dans l'enfantement du Royaume.
Le Christ est là.
L'Évangile est une puissance de vie.
L'Église est une communion trinitaire.
L'autorité est un service libérateur.
La mission est une Pentecôte.
La liturgie est mémorial et anticipation.
L'agir humain est déifié.

Ignace de Lattaquié
(Métropolite orthodoxe)

1- L'Esprit Saint renouvelle

C'est avec l'aide de l'Esprit Saint que *nous devons transformer notre mentalité et nos objectifs (cf. Rm 12, 2)*. Autrefois, nous avons agi en supposant que ceux qui fréquentaient la communauté paroissiale seraient motivés pour sortir de leur milieu et évangéliser, s'ils se nourrissaient suffisamment. Cela n'a pas fonctionné. Ainsi, de nombreuses paroisses souffrent-elles d'une dégénérescence de la « koïnonia » (ce mot vient du grec et signifie : partage, mise en commun, fraternité) qui prend la forme d'une grave maladie : la *« koïnonite »*. Le troupeau engraisse et est à l'aise dans une fraternité fermée et apparemment chaleureuse, sans se préoccuper de ceux qui sont éloignés de l'Église. Ce n'est pas le modèle d'Église que Jésus nous a laissé !

Réfléchissons attentivement au mandat missionnaire.

Dans l'Église des apôtres, la prédication de l'Évangile avait la priorité absolue. À l'époque, les chrétiens s'identifiaient eux-mêmes comme le peuple des envoyés, comme la lumière et le levain du monde *(cf. Lc 13, 20-21)*. Ils reconnaissaient la fécondité de l'Église dans la prédication de l'Évangile, exactement comme *le feu* existe dans le fait de *brûler*. Nous avons, en quelque sorte, perdu notre *feu* en chemin.

Nous devons redéfinir nos objectifs

Au vingtième siècle, la situation missionnaire de l'Église a besoin de membres qui, face au monde païen, soient capables de témoigner de leur foi en paroles et en actes. Il faut des paroisses capables d'avoir en main le sort de la bataille pour le salut des âmes, prêtes à agir de façon communautaire et à trouver les moyens d'élever l'Évangile pour faire front au manque de foi paralysant des hommes et des femmes.

Avec humilité, nous devons admettre que nous ne sommes pas prêts à affronter la situation missionnaire dans laquelle nous nous trouvons. Le mot « mission » désigne habituellement une activité que nous développons en terres non chrétiennes, dans des régions lointaines, dans les ghettos de nos villes et non l'engagement des membres ordinaires de l'Église. Nos Églises « ont » des missions, mais ne « sont » pas missionnaires... Le vrai problème est d'amener ceux qui fréquentent l'Église à la concevoir comme mission et à se considérer eux-mêmes comme missionnaires...

En vertu de quoi avons-nous ignoré la définition que Jésus donne des disciples et que tout le Nouveau Testament donne de l'Église ? Jésus n'a pas invité les hommes à être soumis et à soutenir les institutions religieuses, mais plutôt à s'embarquer avec lui dans la mission de rédemption du monde. Il éloigna ceux qui renonçaient à participer de tout leur cœur à sa mission, même s'ils étaient des admirateurs enthousiastes de ses enseignements. Chaque croyant avait un ministère, un « sacerdoce » à exercer envers ses semblables. C'est justement en cela que résidait le pouvoir évangélisateur de l'Église des origines qui rendit possible la conquête d'un empire.

James Smart

SESSION 4

À propos de la paroisse,
le Cardinal George Basil Hume disait :

La paroisse est un géant endormi :
géant parce que le monde entier est constitué en paroisses,
mais endormie parce que tombée dans une profonde léthargie,
de laquelle elle ne pourra être réveillée que par l'Esprit Saint.

2- La 4e étape du « Filet » : le partage

« Venez à ma suite et je vous ferai devenir pêcheurs d'hommes »
(Mc 1, 17, trad. litt.)

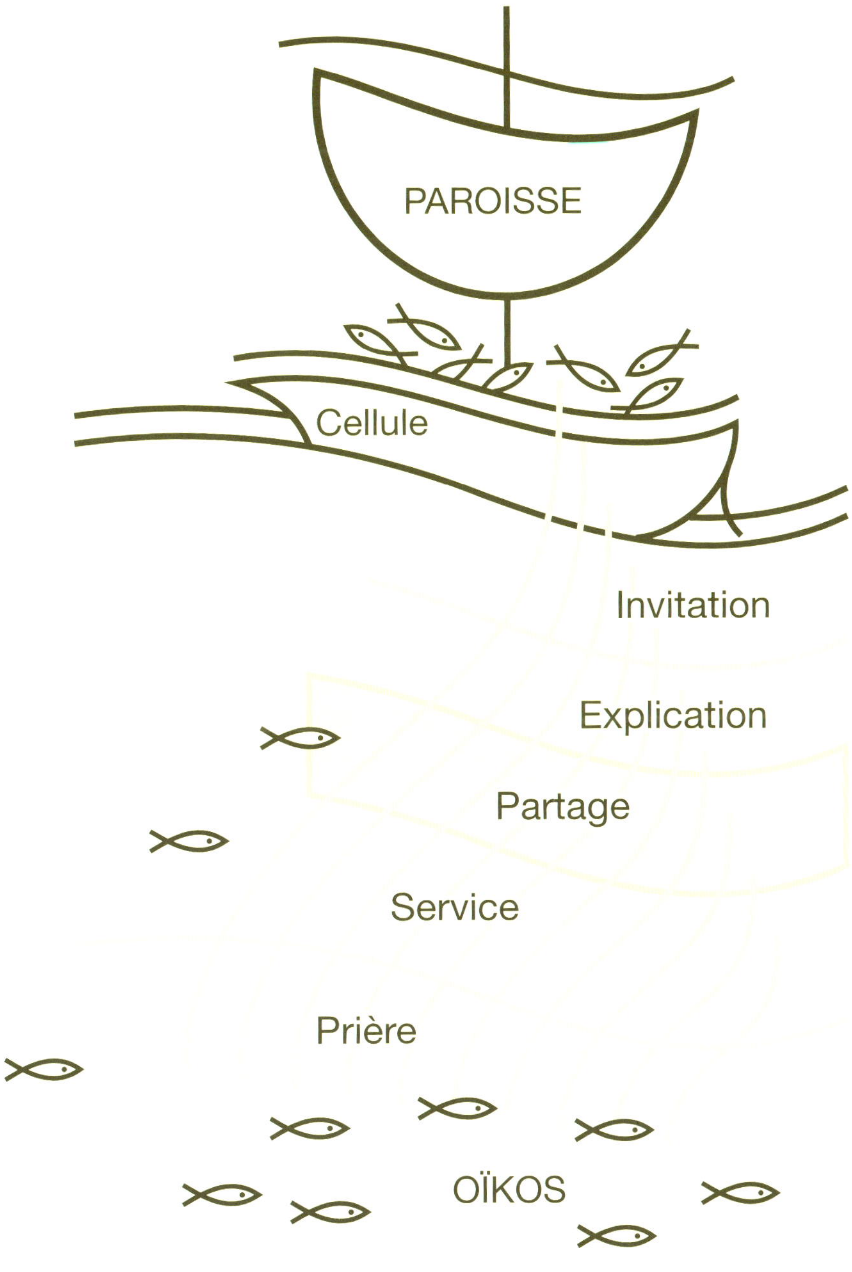

C- LA QUATRIÈME ÉTAPE : LE PARTAGE

1- Pourquoi est-il important de partager notre foi ?

Parce que le témoignage de vie doit être « éclairé, justifié – ce que Pierre appelait donner « les raisons de son espérance » (1 P 3, 15) –, explicité par une annonce claire, sans équivoque, du Seigneur Jésus. La Bonne Nouvelle, proclamée par le témoignage de vie, devra donc être, tôt ou tard, proclamée par la parole de vie. » (EN §-22)

2- Que signifie le terme « partage » ?

Partager *avec* le frère de notre *oïkos*, non pas tant quelque chose que *« Quelqu'un »*.

3- « Qui » partager ?

- Jésus, dans ma rencontre personnelle avec lui, vivant, réel et présent ;
- la présence de Jésus dans ma vie, en continuelle transformation grâce à lui;
- la Personne même de Jésus et ses œuvres dans ma vie, dans la vie de tous et dans le monde.

Tout cela pour rendre gloire au Créateur de toutes choses et de tous biens, et inciter le frère que nous sommes en train d'évangéliser à essayer de faire la même chose.

« À l'origine du fait d'être chrétien,
il n'y a pas une décision éthique ou une grande idée,
mais la rencontre avec un événement,
avec une Personne, qui donne à la vie un nouvel horizon
et par là son orientation décisive. »
(DCE §-1)

4- De quelle façon partager ?

➤ En suscitant chez le frère une question qui me permette de partager mon expérience de foi.

➤ En réponse à une question du frère que je suis en train de servir *(cf. EN §-21)*.

Il vaut mieux avoir quelqu'un qui pose mille questions,
plutôt que d'avoir mille réponses
et personne pour poser les questions.

5- Comment doit être notre partage ?

A = Authentique
Il est le partage réel de ma vie : c'est la seule chose que personne ne puisse contester.

B = Bref
Un partage doit être efficace et aller à l'essentiel ; s'il est prolixe, il perd son effet. Je ne dois pas raconter ma vie, mais seulement témoigner de l'œuvre de Dieu en moi. C'est pourquoi, le partage porte uniquement sur deux points : comment j'ai rencontré Jésus et ce qu'il a fait pour moi.

C = Christocentrique
Il est le reflet d'une vie centrée sur Jésus. Notre partage doit rendre gloire à Dieu et non pas à nous-mêmes. Il doit conduire notre auditeur à fixer son esprit et son cœur sur Jésus, jusqu'à désirer faire l'expérience qu'il est vivant et qu'on peut le rencontrer.

> *Afin, comme dit l'Écriture, que celui qui fait le fier, fasse le fier dans le Seigneur. (1 Co 1, 31)*
>
> *Non, ce n'est pas nous-mêmes, mais Jésus Christ Seigneur que nous proclamons. (2 Co 4, 5)*
>
> *Mon âme exalte le Seigneur. (Lc 1, 46)*

« Marie est grande précisément parce qu'elle ne veut pas se rendre elle-même grande, mais elle veut rendre Dieu grand. [...] Elle sait qu'elle contribue au salut du monde, non pas en accomplissant son œuvre, mais seulement en se mettant pleinement à la disposition des initiatives de Dieu. » (DCE §-41)

6- Les attitudes essentielles pour favoriser le partage

Prière
Que votre partage soit toujours précédé de la prière. Priez beaucoup ; c'est seulement de cette façon que votre partage sera efficace et portera du fruit.

Accueil
Respectez la situation spirituelle des personnes qui sont évangélisées. Respectez leur rythme et leur cheminement. Personne n'a le droit de les forcer (cf. EN §-79).

Écoute
Même la personne la plus réticente vous ouvrira son cœur si elle perçoit que vous êtes en train de l'écouter avec une attention particulière en vous oubliant vous-même. Consacrez au frère tout le temps nécessaire, y compris devant une tasse de café, sans manifester que vous êtes pressé de vous en aller, en regardant votre montre. Faites vôtre l'enseignement de Paul, quand il décrit les fruits de l'Esprit Saint : « Mais voici le fruit de l'Esprit : amour, joie, paix, patience, bonté, bienveillance, foi, douceur, maîtrise de soi. » (Ga 5, 22)

Estime
Quand le frère commence à vous raconter quelque chose de sa vie, mettez en valeur avant tout les aspects positifs. Peut-être le frère s'en étonnera-t-il, faute d'avoir jamais considéré que les événements vécus par lui renferment quelque chose de positif.

Joie
Celui qui a rencontré Jésus ressuscité est dans la joie, même au milieu des difficultés et des croix de la vie. Non seulement votre joie étonnera, mais elle deviendra contagieuse pour les autres. Apprenez à communiquer avec joie, car : « Dieu aime celui qui donne avec joie. » (2 Co 9, 7)

Rappellez-vous que c'est toujours le Seigneur qui ouvre les portes !

7- Quand partager ?

Toujours ! Si vous en saisissez l'occasion ou si vous la cherchez. Vous serez surpris de découvrir combien d'occasions se présentent à vous, si vous les demandez au Seigneur dans la prière.

8- Quelques caractéristiques fondamentales du partage

Courageux

Rappellez-vous que le courage n'est pas absence de peur. Le courage, c'est d'entreprendre une action qui présente des risques, même avec le Seigneur. Le partage, toujours soutenu par la prière, se vivra donc ainsi :

Car ce n'est pas un esprit de peur que Dieu nous a donné, mais un esprit de force, d'amour et de maîtrise de soi. N'aie donc pas honte de rendre témoignage à notre Seigneur. (2 Tm 1, 7-8)

Rempli de sagesse

Dans la conversation, « sa Parole » vaut mieux que notre discours. Paul VI écrit : « Un signe d'amour sera aussi l'effort de transmettre aux chrétiens, non pas des doutes et des incertitudes nés d'une érudition mal assimilée, mais des certitudes solides, parce que ancrées dans la Parole de Dieu. Les fidèles ont besoin de ces certitudes pour leur vie chrétienne ; ils y ont droit, en tant qu'enfants de Dieu qui, entre ses bras, s'abandonnent entièrement aux exigences de l'amour. » (EN §-79)

Fie-toi au Seigneur de tout ton cœur et ne t'appuie pas sur ton intelligence. (Pr 3, 5)

Amical

Ne prenez jamais un ton de reproche ou de jugement. Rappelez-vous votre passé, quand vous avez été accepté pour ce que vous étiez. Rappelez-vous la compréhension et l'amitié que vous avez trouvées chez ceux qui vous conduisaient lentement vers la découverte de Jésus.

Je vous appelle amis, parce que tout ce que j'ai entendu auprès de mon Père, je vous l'ai fait connaître. (Jn 15, 15)

Humble et doux

Le Seigneur agira au moment opportun, il nous revient seulement d'avoir un cœur qui imite celui de Jésus.

Voici mon commandement : aimez-vous les uns les autres comme je vous ai aimés. (Jn 15, 12)

Prenez sur vous mon joug et mettez-vous à mon école, car je suis doux et humble de cœur, et vous trouverez le repos de vos âmes. (Mt 11, 29)

En regardant le frère dans les yeux

Regarder dans les yeux est un signe de sincérité et d'amour. Il s'agit de faire nôtre le comportement de Jésus envers le jeune homme riche, auquel il était sur le point de révéler la chose la plus importante.

Jésus le regarda, et se prit à l'aimer. (Mc 10, 21)

Donc, dans votre partage, ces deux éléments ne peuvent manquer :

- la Parole de Dieu,
- le témoignage de vie.

La foi s'affermit lorsqu'on la donne !
(RM §-2)

> *« Il n'y a rien de plus beau que d'être rejoints, surpris par l'Évangile, par le Christ.*
> *Il n'y a rien de plus beau que de le connaître*
> *et de communiquer aux autres l'amitié avec lui. »*
>
> *BENOIT XVI,*
> *Homélie de la Messe inaugurale du Pontificat,*
> *24 avril 2005.*

9- Un modèle exemplaire en saint Paul

Votre partage, pour être efficace, doit comporter ces étapes :

➤ Comment vous étiez AVANT de rencontrer Jésus.

➤ Comment VOUS AVEZ RENCONTRÉ Jésus.

➤ Comment votre vie a changé APRÈS avoir rencontré Jésus.

Votre partage doit susciter cette certitude dans le cœur du frère : « *Ce que Dieu a fait pour toi, il peut le faire aussi pour moi.* »

Vous pourrez en trouver l'application en Paul de Tarse. Lisez et approfondissez, dans le livre des Actes des Apôtres, le passage intitulé : *Discours de Paul devant le roi Agrippa (cf. 26, 9-23)*. Saint Paul témoigne :

➤ Comment il était AVANT la rencontre avec Jésus *(cf. Ac 26, 9-11)*.

➤ Comment IL A RENCONTRÉ Jésus *(cf. Ac 26, 12-18)*.

➤ Comment sa vie a changé APRÈS la rencontre avec Jésus *(cf. Ac 26, 19-23)*.

Le discours de Paul devant le roi Agrippa
peut servir de modèle pour votre témoignage.

10- Écrivez votre partage

Rappellez-vous avant tout l'ABC du partage :

- A________________.
- B_______.
- C________________.

Pour apprendre à présenter votre partage, faites, en priant, l'exercice suivant :

Comment j'étais AVANT de rencontrer Jésus ?

____

____

____

____

____

Comment J'AI RENCONTRÉ Jésus ?

____

____

____

____

____

Comment ma vie a changé APRÈS avoir rencontré Jésus ?

____

____

____

____

____

Quel idéal je veux atteindre maintenant ?

____

____

____

____

____

Qu'est-ce que je propose à mon frère, pour qu'il accueille Jésus ?

Après avoir fait le travail individuel d'écrire son témoignage personnel, il est bien de s'y exercer. En équipe, chacun est invité à partager son témoignage de conversion ou de rencontre avec Jésus.

Note à propos de la conversion

Chaque conversion est unique et personnelle, mais tous ne vivent pas forcément une conversion fulgurante à la manière de saint Paul. À ceux et celles qui sont dans ce cas, il est conseillé, lors du récit de leur conversion, de faire mémoire d'un événement marquant de leur cheminement spirituel au cours duquel Jésus est intervenu d'une manière forte et profonde pour les aider à croître dans la vie chrétienne. Cet événement devra faire apparaître un avant et un après permettant à la personne qui reçoit leur témoignage de comprendre comment Jésus agit encore aujourd'hui pour répondre à nos besoins.

11- Simulations de situations

(Mise en scène à réaliser pendant l'enseignement)

Nous apprenons mieux lorsque nous voyons une action : le fait de ne pas en être partie prenante nous permet de l'évaluer objectivement. Observez et transcrivez vos commentaires pendant que se déroule la scène. Dans les trois situations suivantes, tous savent que vous êtes « catholique pratiquant ».

Première situation : *rencontre avec un non-pratiquant*

Vous êtes en train de marcher avec votre femme et vous rencontrez un voisin. Vous savez qu'il n'est pas pratiquant. Il a un problème, car il n'arrive pas à démarrer sa voiture. Comment vous comporteriez-vous ?

Deuxième situation : *rencontre avec un paroissien qui n'est pas impliqué dans la paroisse*

Vous êtes au bar avec des amis et vous êtes en train de parler de la vie de la paroisse. L'un d'eux se montre ouvertement critique à ce sujet. Comment vous comporteriez-vous ?

Troisième situation : *rencontre avec quelqu'un qui est éloigné de la foi*

Votre collègue a des problèmes au travail et dans sa famille. Il est déçu de tout et a une attitude négative contre Dieu. Que feriez-vous ?

D- SONDAGE

Posez ces questions à cinq personnes, si possible différentes quant à l'âge, au rang social, à la spiritualité et à la vocation. Ce peut être des personnes inconnues ou des membres de votre oïkos.

A) D'après vous, quel est aujourd'hui le problème le plus grave des gens ?

1e personne ______________________________

2e personne ______________________________

3e personne ______________________________

4e personne ______________________________

5e personne ______________________________

B) Qu'est-ce qui vous donne le plus de satisfaction dans votre vie ?

1e personne ______________________________

2e personne ______________________________

3e personne ______________________________

4e personne ______________________________

5e personne ______________________________

C) Quelle est, en revanche, la chose la plus frustrante ?

1e personne ______________________________

2e personne ______________________________

3e personne ______________________________

4e personne ______________________________

5e personne ______________________________

D) Quel est votre idéal de vie ?

1e personne ______________________________

2e personne ______________________________

3e personne ______________________________

4e personne ______________________________

5e personne ______________________________

E) Estimez-vous que l'action du magistère de l'Église est importante dans le monde d'aujourd'hui ?

1e personne ______________________________

____

____

2e personne ______________________________

____

____

3e personne ______________________________

____

____

4e personne ______________________________

____

____

5e personne ______________________________

____

____

Que retenez-vous de cet exercice ?

____

____

____

____

____

____

____

____

____

E- ÉTUDE DE LA BIBLE — 4

Ne vous êtes-vous jamais demandé pourquoi Dieu vous a créé ? Comme croyant, il ne fait aucun doute qu'une des raisons fondamentales est d'annoncer le Christ et son Salut à tous les hommes. Après avoir prié, cherchez, dans les passages signalés ci-dessous, quelle est la mission du Christ, celle de Paul et celle des disciples.

Lc 19, 10 (Discours de Jésus après la conversion de Zachée)

Jn 15, 8 (Jésus à ses disciples)

Ac 20, 24 (Paul aux anciens d'Éphèse)

Ac 1, 8 (Jésus à ses disciples)

Alors, pourquoi est-il important de partager Jésus avec les autres ?

F- TRAVAIL DE LA 4e SEMAINE

________ J'ai lu dans *Evangelii nuntiandi les nos 40-48.*

________ J'ai mémorisé « le mandat missionnaire » : *Mc 16, 15.*

________ J'ai complété le sondage.

________ J'ai complété l'Étude de la Bible – 4.

À propos de la liste de mon *oïkos* : cette semaine, ai-je noté des changements en moi ou dans mes relations avec les frères ?

L'idée la plus utile que j'aie trouvée dans *Evangelii nuntiandi aux numéros 40 à 48* est :

CINQUIÈME SESSION

Le processus d'évangélisation : **l'explication**

SOMMAIRE

A- LE PROCESSUS D'ÉVANGÉLISATION

La 5e étape du « Filet » : l'explication

« Venez à ma suite et je vous ferai devenir pêcheurs d'hommes »
(Mc 1, 17, trad. litt.)

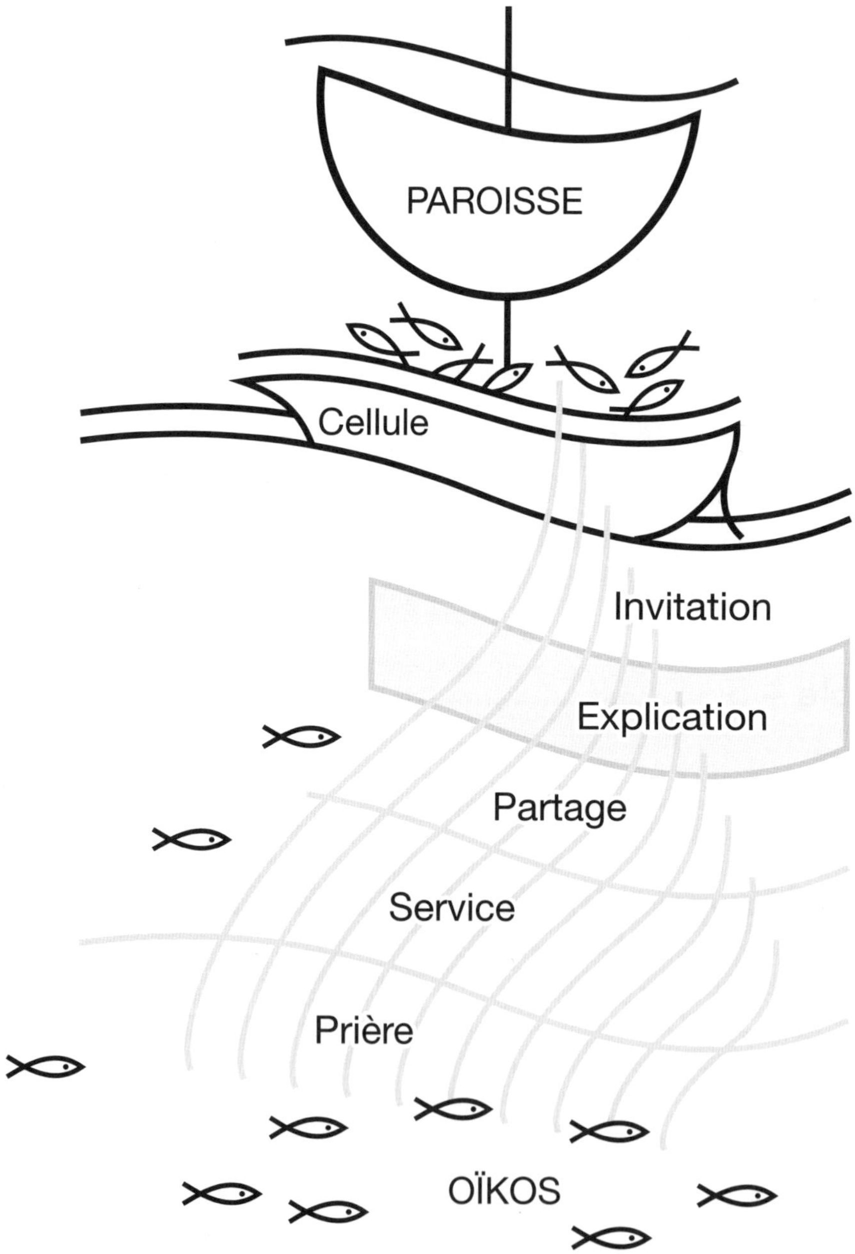

B- LA CINQUIÈME ÉTAPE : L'EXPLICATION

Commencer, avec le soutien de la prière, à « servir » le frère et à « partager » l'Évangile avec lui peut faire naître des questions comportant des doutes, des malentendus, des déceptions, des préjugés, des erreurs, des confusions. Après une écoute patiente, il est nécessaire de donner une « explication » appropriée.

Le Partage avait pour objet : Jésus vivant et présent dans votre vie.

L'Explication a pour objet les difficultés du frère dans sa relation avec Dieu et avec l'Église.

1- Quelles sont les objections concernant Dieu et comment y répondre ?

➤ S'il est vrai que Dieu aime tous les hommes, pourquoi tant de souffrances, tant d'injustices, la faim, les guerres dans le monde ?

➤ On entend tellement d'informations contradictoires sur Jésus : où est la vérité ?

➤ Je crois en Dieu, mais je ne reconnais pas Jésus comme Sauveur.

I. S'il est vrai que Dieu aime tous les hommes, pourquoi tant de souffrances, tant d'injustices, la faim, les guerres dans le monde ?

Le problème de l'existence du mal a tourmenté des générations entières. Le mal est scandaleux et le serait encore davantage si Dieu s'en tenait à le regarder et à se taire. Ce serait dramatique si Dieu n'avait pas de mots pour expliquer cet atroce mystère. Mais Dieu ne reste pas silencieux ! À Job *(cf. tout le livre)*, Dieu se bornait à demander : *« Qui es-tu, toi, pour me demander à moi des explications sur le problème du mal ? » (cf. en particulier les chapitres 38 à 42 du livre de Job).*

Quand, en Jésus, il aborde cette question, Dieu ne se prévaut pas de sa grandeur de Créateur ni du respect qui lui est dû de la part de notre esprit créé. NON ! Jésus se rend présent à la totalité du mal, il prend sur lui, en son corps et en sa personne, tout le mal existant. Il ne meurt pas résigné mais rebelle ; son dernier cri sur la croix : *« Mais, poussant un grand cri, Jésus expira » (Mc 15, 37)*, exprime la rébellion de l'homme, de tout homme, contre l'injustice et la mort.

Mais la tragédie ne finit pas ainsi. La victoire de la mort est illusoire et éphémère, parce que Jésus, après trois jours, ressuscite *« victorieux »* de la mort, de toute mort, et prend la tête d'une humanité de ressuscités. C'est pourquoi Paul peut affirmer :

Mort, où est ta victoire ? Mort, où est ton aiguillon ? (1 Co 15, 55)

Ainsi, captif du mal le plus profond qui soit, Dieu, en Jésus, le brise et le détruit de l'intérieur. Quand il se fait chair et prend notre humanité en Jésus, Dieu, qui avait imposé le silence à Job, hurle sa rébellion contre le mal, justifiant ainsi toute forme de rébellion humaine contre la racine même du mal. De la leçon de transcendance – le *« Tais-toi ! »* imposé à Job –, nous sommes passés à une surprenante leçon de présence au mal, pour le vaincre de l'intérieur.

Si cette présence de Dieu au mal à travers la rébellion du Christ est tellement surprenante, c'est qu'en fait, la réponse de Dieu au problème du mal a été dévoilée progressivement au cours de l'histoire. Les deux temps indiqués ici sont, en réalité, profondément liés : transcendance et présence au mal ne font qu'un. Dieu domine infiniment le mal, c'est pourquoi il peut le pénétrer, le briser de l'intérieur et en bouleverser le sens profond. Grandeur infinie de Dieu et présence de Dieu en toutes choses – présence intime, rebelle, triomphante au cœur du mal –, sont deux aspects de l'unique mystère de Dieu. Ainsi, le christianisme n'est pas une solution de facilité, qui enlève à l'existence toute valeur de risque, de tragédie : la victoire, même la victoire sur le mal, reste pour nous un objet de foi et d'espérance. Tout est renouvelé, tout est nouveau, parce que le Christ est ressuscité !

II. On entend tellement d'informations contradictoires sur Jésus : où est la vérité ?

Nous devons nous réjouir de toutes ces informations plus ou moins contradictoires sur Jésus, car elles sont le signe que l'homme est en quête de quelque chose et surtout de Quelqu'un qui est. Jésus a dit :

Je suis le chemin et la vérité et la vie. (Jn 14, 6)

Nous devons nous en réjouir, car elles nous obligent à donner des réponses toujours plus pleines de foi, d'expérience et de témoignage. La seule vérité se trouve dans la Parole de Dieu :

Jésus s'en alla avec ses disciples vers les villages voisins de Césarée de Philippe. En chemin, il interrogeait ses disciples : « Qui suis-je, au dire des hommes ? » Ils lui dirent : « Jean le Baptiste ; pour d'autres, Élie ; pour d'autres, l'un des prophètes. » Et lui leur demandait : « Et vous, qui dites-vous que je suis ? » Prenant la parole, Pierre lui répond : « Tu es le Christ. » (Mc 8, 27-29)

III. Je crois en Dieu, mais je ne reconnais pas Jésus comme Sauveur.

Nous répondons avec les paroles mêmes de Benoît XVI et de Jean-Paul II :

« L'homme n'a finalement besoin que d'une seule chose qui les contient toutes, mais il lui faut faire le tour de ses souhaits et de ses désirs superficiels pour apprendre à discerner ce dont il a vraiment besoin et ce qu'il veut vraiment. Il a besoin de Dieu. Et c'est maintenant que nous pouvons voir ce qu'il y a en fin de compte derrière toutes ces formules imagées : Jésus nous donne la « vie » parce qu'il nous donne Dieu. Il peut nous le donner parce qu'il est lui-même un avec Dieu. Parce qu'il est le Fils. Il est lui-même le don, il est « la vie ». » (Jésus de Nazareth, Flammarion, 2007, 382)

« L'homme est aimé de Dieu ! Telle est l'annonce si simple et si bouleversante que l'Église doit donner à l'homme. La parole et la vie de chaque chrétien peuvent et doivent faire retentir ce message : Dieu t'aime. Le Christ est venu pour toi, pour toi le Christ est « le Chemin, la Vérité et la Vie ! » (cf. Jn 14, 6). » (CFL §-34)

2- Quelles sont les critiques les plus communes contre l'Église et comment y répondre ?

➤ « À l'église, ils ne peuvent parler d'autre chose que d'argent... argent... argent ! Et puis, avec toutes les richesses qu'a le Vatican... »

➤ « Je suis en désaccord avec l'Église sur beaucoup de sujets... alors, j'ai arrêté d'y aller. »

➤ « L'Église ne veut pas de moi. Je suis divorcé. »

➤ « Je n'ai pas besoin de l'Église, je prie à ma façon. »

➤ « Je ne peux pas supporter qu'il y ait autant d'hypocrites dans les églises. Ils vont à l'église pour se montrer mais, quand ils sortent, ils se comportent mal. »

➤ « J'ai été mal reçu par un prêtre, alors je me suis éloigné. »

1. *« À l'église, ils ne peuvent parler d'autre chose que d'argent... argent... argent ! Et puis, avec toutes les richesses qu'a le Vatican... »*

Très souvent, une telle déclaration est un « alibi » pour cacher la vraie raison de l'éloignement. Comme c'est une attitude très répandue chez les gens de ne pas vouloir débourser d'argent, l'alibi devient crédible et la motivation est facilement partagée.

Voici quelques réponses possibles :

➤ Une paroisse a des problèmes financiers identiques à ceux d'un foyer domestique, à ceci près : ses dépenses sont plus importantes et ses seules recettes proviennent habituellement des dons des fidèles. Qui paiera ces services si les paroissiens ne le font pas ?

➤ Expliquez que vous considérez votre contribution comme un acte de foi, une façon d'exprimer votre gratitude pour tout ce que la communauté paroissiale a fait pour vous.

➤ Dans un certain sens, la Maison de Dieu est aussi ma maison. C'est donc pour moi un devoir d'en prendre soin, en participant selon mes possibilités (pas toujours ni seulement avec de l'argent).

Si quelqu'un pose des questions sur la dîme, expliquez ce qu'on entend par *dîme*. L'Écriture parle du devoir du peuple d'Israël de verser la dîme à Dieu *(cf. Dt 14, 22)*. Verser la dîme à Dieu veut dire partager avec Dieu toute votre vie et donc aussi vos richesses. Verser la dîme, pour nous, signifie participer *fidèlement*, selon ses possibilités, aux dépenses de la communauté. C'est la fidélité qui compte, parce qu'elle permet à la communauté de vivre. Dans le *Catéchisme de l'Église Catholique*, au sujet du cinquième commandement de l'Église : « Subvenir aux besoins de l'Église », nous lisons : *« les fidèles sont tenus de subvenir aux nécessités matérielles de l'Église, chacun selon ses possibilités » (n° 2043)*.

Que chacun donne selon la décision de son cœur, sans chagrin ni contrainte, car Dieu aime celui qui donne avec joie... Celui qui fournit la semence au semeur et le pain pour la nourriture, vous fournira aussi la semence, la multipliera, et fera croître les fruits de votre justice. (2 Co 9, 7.10)

Tout vient de Dieu et il ne se laisse pas vaincre en générosité : *« Donnez et on vous donnera. » (Lc 6, 38)*

SESSION **5**

2. *« Je suis en désaccord avec l'Église sur beaucoup de sujets… alors, j'ai arrêté d'y aller »*

C'est Jésus qui a voulu l'Église et l'a fondée. Il l'a voulue pour continuer son œuvre et porter son salut à tous les hommes. L'Église prend au sérieux le mandat de Jésus :

…leur apprenant à garder tout ce que je vous ai prescrit… (Mt 28, 20)

Jésus a dit à l'Église, représentée par Pierre :

Tu es Pierre, et sur cette pierre je bâtirai mon Église, et la Puissance de la mort n'aura pas de force contre elle. Je te donnerai les clefs du Royaume des cieux ; tout ce que tu lieras sur la terre sera lié aux cieux, et tout ce que tu délieras sur la terre sera délié aux cieux. (Mt 16, 18-19)

Les successeurs de Pierre ont autorité pour enseigner sur les questions de foi et de morale. Vous pourrez dire aussi : « tant de questions intéressantes et importantes font l'objet d'un enseignement de la part de nos prêtres et sont approfondies dans nos rencontres de cellules ! Moi-même, je ne connaissais pas bien la véritable position de l'Église sur de nombreux points, mais en participant à ces rencontres, j'apprends beaucoup. » L'Église catholique est souvent la seule à avoir une position sérieuse et ferme concernant des questions relatives à la vie et aux valeurs essentielles de l'humanité.

De toute façon, le plus important n'est pas d'avoir une réserve de réponses qui nous garantissent la sécurité, mais d'avoir un cœur bon et compréhensif, pénétré d'une doctrine sûre, qui nous fasse vibrer à l'unisson du cœur du frère.

3. *« L'Église ne veut pas de moi. Je suis divorcé. »*

SESSION 5

Il faut accueillir ces frères avec grand amour et beaucoup d'attention pour les aider à comprendre les vérités suivantes :

➤ L'Église s'inspire constamment de la miséricorde de Dieu.

Soyez miséricordieux, comme votre Père est miséricordieux. (Lc 6, 36, trad. litt.)

➤ Le divorce est un acte civil et ne peut donc modifier que l'aspect civil du mariage. Si le mariage religieux a été célébré validement, il perdure, parce que Dieu reste fidèle à ce sacrement, don de grâce accordé à travers l'Église.

➤ Un nouveau lien conjugal ne peut coexister avec le sacrement valide précédent. Cependant, l'Église veut accueillir et accompagner les personnes qui sont dans cette situation, mais ne peut, tant qu'elle dure, leur accorder les sacrements. Quoiqu'il en soit, l'amour et la miséricorde de Dieu embrassent tout homme sans l'exclure de son plan de salut.

➤ Que celui ou celle qui se trouve dans cette situation cherche réconfort et points de repère en Jésus, à travers l'aide d'un prêtre ou d'un accompagnateur spirituel. En parlant aux Apôtres, Jésus dit à Simon :

Tu es Pierre, et sur cette pierre je bâtirai mon Église, et la Puissance de la mort n'aura pas de force contre elle. Je te donnerai les clefs du Royaume des cieux ; tout ce que tu lieras sur la terre sera lié aux cieux, et tout ce que tu délieras sur la terre sera délié aux cieux. (Mt 16, 18-19)

➤ L'Église dont Jésus parle est la communauté des croyants. Elle est faite de pécheurs, mais elle est son Épouse, tellement aimée qu'il donne sa vie pour elle. Il ne va donc certainement pas l'abandonner à ses misères humaines. Au contraire, il la soigne et la purifie *« avec l'eau qui lave, et cela par la Parole ; il a voulu se la présenter à lui-même, splendide, sans tache ni ride, ni aucun défaut ; il a voulu son Église sainte et irréprochable. » (Ép 5, 26-27)*

4. *« Je n'ai pas besoin de l'Église, je prie à ma façon. »*

C'est une chose excellente que de prier personnellement. Mais la prière a deux dimensions : personnelle et communautaire.

➤ La prière personnelle : exprime la relation entre Jésus et moi.
➤ La prière communautaire : exprime ma relation avec Jésus à travers les frères.

Saint Jean Chrysostome nous rappelle :

« Tu ne peux pas prier à la maison comme à l'église, où il y a le peuple de Dieu rassemblé, où le cri s'élève vers Dieu d'un seul cœur. Là il y a quelque chose de plus, l'unisson des esprits, l'accord des âmes, le lien de la charité, les prières des prêtres. »

La célébration eucharistique est le sommet de la prière communautaire ; un don que le Seigneur nous prodigue pour atteindre la maturité chrétienne. La messe dominicale est l'occasion qui nous est offerte de partager avec les frères la Parole, l'Eucharistie, la prière pour les besoins de l'Église, l'assemblée présente et le monde entier.

5. *« Je ne peux pas supporter qu'il y ait autant d'hypocrites dans les églises. Ils vont à l'église pour se montrer, mais quand ils sortent, ils se comportent mal. »*

Bien sûr, tous les chrétiens, même ceux qui « vont à l'église » sont pécheurs, mais par les mérites de Jésus, ce sont des pécheurs pardonnés. Si nous nous arrêtions à observer les mauvaises actions des hommes sans regarder à la miséricorde de Dieu, nous serions toujours malheureux et hypocrites. Jésus dit à tous :

Ne vous posez pas en juges et vous ne serez pas jugés, ne condamnez pas et vous ne serez pas condamnés. (Lc 6, 37)

6. *« J'ai été mal reçu par un prêtre, alors je me suis éloigné »*

C'est une règle d'or que de ne jamais prendre parti ! Ne commettons pas l'erreur de défendre ce qu'a fait le prêtre, mais écoutons avec amour, associons-nous à la souffrance du frère. Si nous avons vécu une expérience analogue ou si nous connaissons quelqu'un qui l'a vécue, expliquons comment Jésus, à travers la prière, nous a aidés à pardonner.

3- L'origine du refus et de l'objection

Rappelez-vous que toute question, objection ou critique, cache, au niveau spirituel et humain, un besoin qui naît de :

1. **L'ignorance :** sur Jésus et « l'histoire du salut ».

2. **Convictions erronées :** qui se basent sur des idées fausses ou infondées sur Jésus.

3. **Déceptions :** provenant d'un contre-témoignage de quelques chrétiens.

4. **Manque d'une authentique compréhension :** « Entendre » l'Évangile n'est pas la même chose que « l'écouter et le comprendre ».

5. **Refus de l'autorité du Seigneur :** ne pas être disposé à mettre Jésus au centre de sa vie. C'est un travail long et difficile qui nous sera utile à nous aussi. Nous devons nous y appliquer fidèlement.

6. **Conditionnements de la famille et du milieu :** *Comme ils étaient en route, quelqu'un dit à Jésus en chemin : « je te suivrai partout où tu iras. » Jésus lui dit : « Les renards ont des terriers et les oiseaux du ciel des nids ; le Fils de l'homme, lui, n'a pas où poser la tête. » Il dit à un autre : « Suis-moi. » Celui-ci répondit : « Permets-moi d'aller d'abord enterrer mon père. » Mais Jésus lui dit : « Laisse les morts enterrer leurs morts, mais toi, va annoncer le Règne de Dieu. » Un autre encore lui dit : « Je vais te suivre, Seigneur ; mais d'abord permets-moi de faire mes adieux à ceux de ma maison. » Jésus lui dit : « Quiconque met la main à la charrue, puis regarde en arrière, n'est pas fait pour le Royaume de Dieu. » (Lc 9, 57-62)*

Jésus n'a pas l'intention de détruire les liens familiaux (donnés par Dieu lui-même), mais il ne peut admettre qu'ils prévalent sur sa propre place dans notre vie. Tout doit naître de Lui et tout doit se faire en fonction de Lui.

7. **Manque de confiance :** le fait de ne pas croire à l'amour inconditionnel et personnel de Dieu et à sa volonté de miséricorde et de pardon.

8. **Incapacité d'abandonner les habitudes de péché :** succomber passivement aux tentations en considérant le péché comme une réalité irrévocable et définitive. Pour vaincre, il est important d'accomplir quelques actions contraires au péché et au vice qui nous assaillent. Par exemple, je suis habitué à jurer : dès que je m'en aperçois, je m'impose une brève prière vocale et un acte de charité sous la forme d'un don en argent, selon un choix arrêté au préalable. Ainsi, l'abandon de ce vice sera facilité à la fois par le déclenchement du mécanisme psychologique qui me fait associer au juron le déboursement d'argent, et par la grâce de Dieu qui agira en moi avec le concours de ma bonne volonté.

9. **Indécision :** remettre toujours à plus tard la rencontre avec Jésus.

Puisque nous sommes à l'œuvre avec lui, nous vous exhortons encore à ne pas laisser sans effet la grâce reçue de Dieu. Car il dit : Au moment favorable, je t'exauce, et au jour du salut, je viens à ton secours. Voici maintenant le moment tout à fait favorable. Voici maintenant le jour du salut. (2 Co 6, 1-2)

10. **Intellectualisme :** On connaît seulement Jésus avec la « tête » et non avec le « cœur ». Pour une bonne connaissance de Dieu, il faut que l'adhésion du cœur précède le travail de l'intelligence.

Prière attribuée à saint François d'Assise

Seigneur, fais de moi un instrument de ta paix.
Là où est la haine, que je mette l'amour.
Là où est l'offense, que je mette le pardon.
Là où est la discorde, que je mette l'union.
Là où est l'erreur, que je mette la vérité.
Là où est le doute, que je mette la foi.
Là où est le désespoir, que je mette l'espérance.
Là où sont les ténèbres, que je mette la lumière.
Là où est la tristesse, que je mette la joie.
Ô Seigneur, que je ne cherche pas tant
à être consolé qu'à consoler,
à être compris qu'à comprendre,
à être aimé qu'à aimer,
car c'est en donnant que l'on reçoit,
c'est en s'oubliant qu'on se retrouve soi-même,
c'est en pardonnant que l'on obtient le pardon,
c'est en mourant que l'on ressuscite à l'éternelle vie.

4- Règles pour agir avec bonté au cours de l'explication

Il est utile d'observer quelques règles générales :

1. Ne pas chercher à convaincre le frère : limitez-vous à exposer, avec amour, la vérité de l'Évangile et l'enseignement de l'Église ; la conversion du cœur est don de l'Esprit Saint.

2. *Ne pas tomber dans l'erreur de vouloir démontrer la vérité* de l'Évangile ou la justesse du Magistère de l'Église. La vérité s'impose d'elle-même. Quant à nous, nous devons seulement « l'annoncer » avec la certitude que : *« Qui vous écoute m'écoute, et qui vous repousse me repousse ; mais qui me repousse, repousse celui qui m'a envoyé. » (Lc 10, 16)*

3. *Ne pas s'écarter de l'objectif de la conversion du frère à Jésus.* Comment faire ? Voici quelques suggestions sur la manière d'agir.

Avec douceur et respect :

... Mais sanctifiez dans vos cœurs le Christ qui est Seigneur. Soyez toujours prêts à justifier votre espérance devant ceux qui vous en demandent compte. Mais que ce soit avec douceur et respect... (1 P 3, 15-16)

Soyez toujours comme Jésus, doux et humble de cœur, surtout avec ceux qui sont un peu loin de la foi : « On attrape mieux les mouches avec du miel qu'avec du vinaigre ! » La vérité est douce, belle, libératrice, tout en étant forte et efficace :

« Mais parlez toujours de Dieu comme il convient, avec respect et piété. Ne jouez pas à l'édifiante et à la prêcheuse. Mais avec douceur, humilité, charité, distillez comme l'épouse du Cantique le miel délicieux des choses de Dieu et le goût de la piété, – goutte à goutte, tantôt dans l'oreille de l'un, tantôt dans l'oreille de l'autre, autant que vous le pouvez, en priant Dieu au secret de votre âme qu'il lui plaise de faire passer cette sainte rosée dans le coeur de ceux qui vous écoutent.

Surtout, faites cela avec une douceur d'ange, en suivant votre inspiration, jamais en ayant l'air de donner une leçon. C'est merveille de voir combien les coeurs se laissent volontiers attirer lorsque les propositions que nous leur adressons sont faites avec amour et douceur. » (Saint François de Sales, Introduction à la vie dévote, III, 26, mise en français contemporain, par le Père Didier-Marie Proton – éditions du Cerf, 2007, p. 320.)

En respectant le rythme du frère.

Toutes ces objections exigent non seulement des réponses, mais portent aussi l'évangélisateur à intensifier la prière pour et avec le frère, ainsi que le service et le témoignage.

« L'œuvre de l'évangélisation suppose,
dans l'évangélisateur, un amour fraternel toujours grandissant
envers ceux qu'il évangélise. »
(EN §-79)

5- Et en cas d'échec ?

Chaque fois qu'il vous semble avoir échoué dans l'évangélisation, présentez la situation à Dieu dans la prière d'adoration, en laissant le Seigneur vous illuminer et rejoindre surtout le cœur de ce frère, en priant pour lui. Vivez également dans la paix et l'humilité ce qui semble être des défaites et faites-en une prière et une intercession. En général, le Seigneur nous bénit par quelques « résultats évidents et immédiats », mais il veut que nous continuions à évangéliser, même lorsque nous ne voyons pas tout de suite les fruits. Continuez à avoir foi et à semer !

Car en ceci le proverbe est vrai, qui dit : « l'un sème, l'autre moissonne ». Je vous ai envoyés moissonner ce qui ne vous a coûté aucune peine ; d'autres ont peiné et vous avez pénétré dans ce qui leur a coûté tant de peine. (Jn 4, 37-38)

C- ÉTUDE DE LA BIBLE — 5

Lisez *Jean 4, 5-19*

Dans sa rencontre avec la Samaritaine près du puits, Jésus nous donne un exemple clair sur la façon de commencer une conversation.

1. Retranscrivez les phrases que Jésus adresse à la femme pour l'amener progressivement à le reconnaître comme Messie.

2. Comment présenteriez-vous le Christ à un ou plusieurs frères de votre oïkos ? Écrivez un exemple de conversation.

D- ÉTUDE DE LA BIBLE — 6

Objection – critique – refus

Examinez les passages suivants du Nouveau Testament, et mettez en évidence les motifs pour lesquels les personnages décrits dans ces passages s'opposent, à votre avis, à la proposition de foi.

Ignorance

Rumeurs

Déceptions

Incompréhension

Refus de l'autorité du Seigneur

Conditionnements de la famille et du milieu

Manque de confiance

Incapacité d'abandonner les habitudes de péché

Indécision

Intellectualisme

1. Le jeune homme riche (Mc 10, 17-23)

2. Les grands prêtres et les pharisiens (Jn 11, 46-53)

3. Nicodème (Jn 3, 1-5)

4. La Samaritaine (Jn 4, 15-20)

5. Le larron non-repenti (Lc 23, 39)

6. Le roi Agrippa (Ac 26, 27-29)

7. Les Éphésiens (Ac 19, 23-34)

8. Les citoyens d'Athènes (Ac 17, 16-32)

E- TRAVAIL DE LA 5e SEMAINE

________ J'ai lu dans *Evangelii nuntiandi les nos 49-58.*

________ J'ai complété l'*Étude de la Bible* – 5.

________ J'ai complété l'*Étude de la Bible* – 6.

À propos de la liste de mon oïkos : cette semaine, ai-je noté des changements en moi ou dans mes relations avec les frères ?

____

____

____

____

L'idée la plus utile que j'aie trouvée dans Evangelii nuntiandi aux numéros 49 à 58 est :

____

____

____

____

SIXIÈME SESSION

Le processus d'évangélisation : **l'invitation dans la cellule**

SOMMAIRE

A- LE PROCESSUS D'ÉVANGÉLISATION

La 6e étape du « Filet » : l'invitation

« Venez à ma suite et je vous ferai devenir pêcheurs d'hommes »
(Mc 1, 17, trad. litt.)

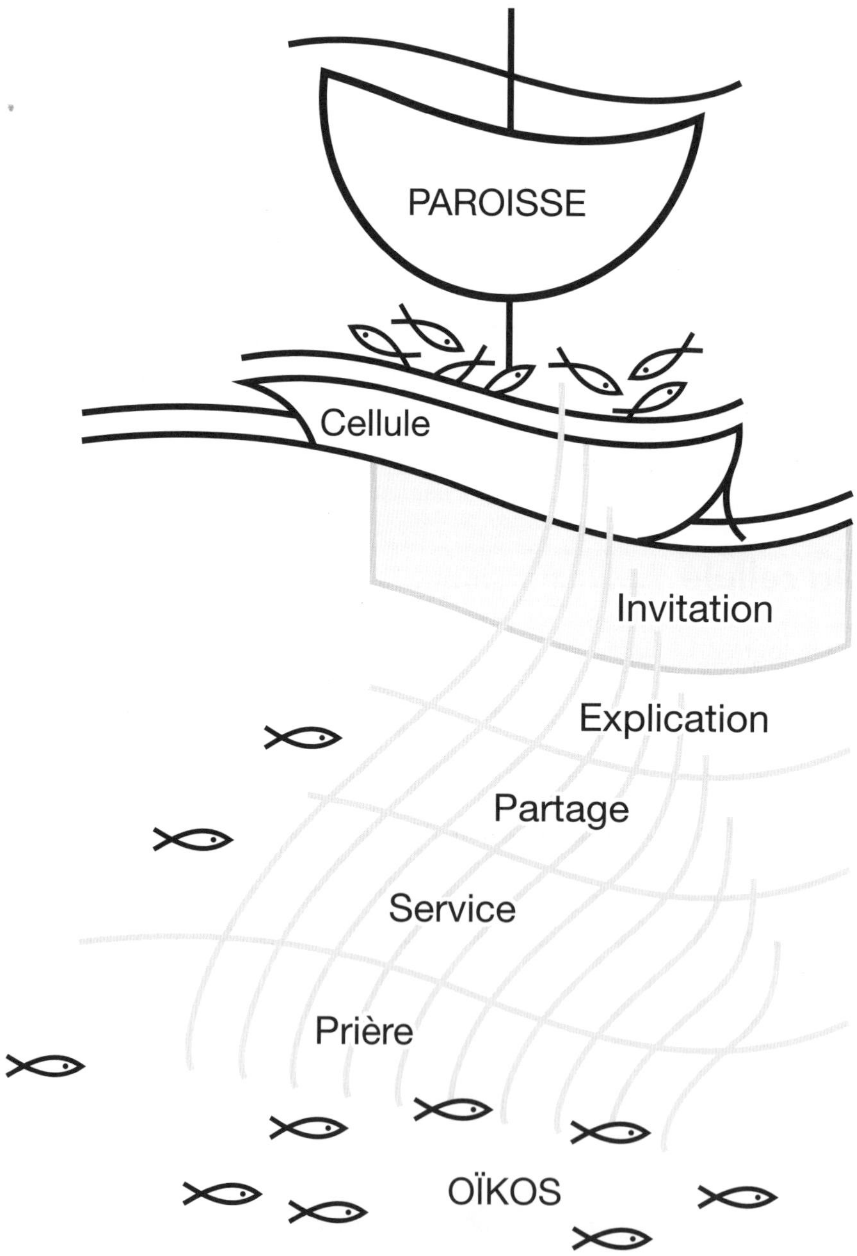

B- LA PREMIÈRE ADHÉSION À JÉSUS SAUVEUR

À ce stade de notre chemin, l'engagement envers le frère que l'on évangélise est double :

- L'accompagner pour qu'il commence à confier sa vie au Seigneur en posant, en peu de mots, un premier acte d'adhésion à Jésus Sauveur.

- L'inviter à entrer dans la cellule d'évangélisation, pour poursuivre son chemin de foi, qui le fera passer *« d'évangélisé à évangélisateur. »*

Ainsi, nous pourrons être certains que le filet, à savoir ce simple instrument d'évangélisation personnalisé par lequel nous avons essayé de « pêcher » notre frère, s'est désormais resserré ! C'est le moment le plus délicat de tout le processus d'évangélisation[3]. De cette façon, nous sommes à la fois collaborateurs de la joie de Dieu (cf. Lc 15, 7) et de la joie de toute notre communauté paroissiale. Quant à celle-ci, elle s'engage, à la suite du curé, à garantir la continuité de la réalisation de la grande mission, de la manière suivante :

- en mettant en place des cellules d'évangélisation qui croissent et se multiplient ;
- en commençant la formation des leaders qui seront appelés à guider les rencontres de cellule ;
- en renforçant l'adoration eucharistique pour tous, comme le vrai coeur qui bat dans le corps communautaire.

Exposons maintenant ces éléments fondamentaux de notre méthode d'évangélisation : l'adhésion à Jésus Sauveur et l'invitation à la rencontre de cellule.

1- Que signifie « adhésion » pour nous, chrétiens ?

Expose ton action au Seigneur et tes plans se réaliseront. (Pr 16, 3)

Pour la personne évangélisée, il s'agit d'une étape très exigeante, parce que nous sommes habitués à guider et à conduire notre « barque ». Or, adhérer à Jésus signifie confier le gouvernail de sa vie au Seigneur. Cela ne procède pas d'un désir de se déresponsabiliser, mais de la conviction que Dieu peut, avec notre disponibilité et notre collaboration, guider notre vie pour réaliser les merveilles promises par sa Parole.

Dans ce contexte, « adhérer » à Jésus, même s'il s'agit d'une première et brève décision, signifie également : donner toute sa confiance, avoir confiance et espérance en Quelqu'un, avoir foi, adhérer en se convertissant, se laisser éduquer, conduire et porter par Dieu. Benoît XVI déclare : *« Rien n'est impossible à celui qui a confiance en Dieu et s'en remet à Lui » (Benoît XVI, Rencontre avec les jeunes italiens à Lorette, 1er septembre 2007).*

Pour le frère que nous évangélisons, il s'agit donc d'entreprendre un itinéraire de foi dans une ouverture fondamentale à Dieu qui propose à tout homme une expérience personnelle et unique de son amour et de sa grâce. Il nous cherche, nous regarde, nous aime et, de surcroît, il ne nous déçoit pas. Cette confiance initiale de la part de notre frère convergera progressivement vers la « conversion du coeur » et trouvera sa réalisation dans le fait de « croire à l'Évangile. »

« Le temps est accompli et le Règne de Dieu s'est approché : convertissez-vous et croyez à l'Évangile. » *(Mc 1, 15)*

[3] On retrouvera en annexe une explication détaillée du processus de conversion qui nous permet de comprendre pourquoi cette étape du processus d'évangélisation est si délicate. Cf. Annexe 5 : Le processus de conversion. (p.182-185).

Pour une adhésion vitale et communautaire
(EN §-23)

L'annonce, en effet, n'acquiert toute sa dimension que lorsqu'elle est entendue, accueillie, assimilée et lorsqu'elle fait surgir dans celui qui l'a ainsi reçue une adhésion du cœur. Adhésion aux vérités que, par miséricorde, le Seigneur a révélées, oui. Mais plus encore, adhésion au programme de vie — vie désormais transformée — qu'il propose. Adhésion, en un mot, au Règne, c'est-à-dire au « monde nouveau », au nouvel état de chose, à la nouvelle manière d'être, de vivre, de vivre ensemble, que l'Évangile inaugure. Une telle adhésion, qui ne peut pas demeurer abstraite et désincarnée, se révèle concrètement par une entrée palpable, visible, dans une communauté de fidèles. Ainsi donc, ceux dont la vie s'est transformée pénètrent dans une communauté qui est elle-même signe de la transformation, signe de la nouveauté de vie : c'est l'Église, sacrement visible du salut *(LG §-1, -9, -48 ; GS §-42, -45 ; AG §-1, -5).*

2- Les exigences de l'Évangile

Croire à l'Évangile et l'accueillir comme règle de vie implique de :

a. Laisser quelque chose qui déplaît à Dieu pour adhérer à son projet en vue du bien

« Nous témoignons à Dieu notre confiance totale en Lui en nous abstenant de tout mal. » (Bienheureux Antonio Rosmini)

Rejetez donc toute méchanceté et toute ruse, toute forme d'hypocrisie, d'envie et de médisance. Comme des enfants nouveau-nés, désirez le lait pur de la Parole, afin que, par lui, vous grandissiez pour le salut, si vous avez goûté que le Seigneur est bon. (1 P 2, 1-3)

Voici l'heure de sortir de votre sommeil ; aujourd'hui, en effet, le salut est plus près de nous qu'au moment où nous avons cru. La nuit est avancée, le jour est tout proche. Rejetons donc les oeuvres des ténèbres et revêtons les armes de la lumière. Conduisons-nous honnêtement, comme en plein jour, sans ripailles ni beuveries, sans coucheries ni débauches, sans querelles ni jalousies. Mais revêtez le Seigneur Jésus Christ et ne vous abandonnez pas aux préoccupations de la chair pour en satisfaire les convoitises. (Rm 13, 11-14)

Ne vous faites pas d'illusions : Dieu ne se laisse pas narguer ; car ce que l'homme sème, il le récoltera. Celui qui sème pour sa propre chair récoltera ce que produit la chair : la corruption. Celui qui sème pour l'Esprit récoltera ce que produit l'Esprit : la vie éternelle. (Ga 6, 7-8)

b. Quitter les amitiés qui minent la vie spirituelle et humaine

Ne soyez donc pas leurs complices. Autrefois, vous étiez ténèbres ; maintenant, vous êtes lumière dans le Seigneur. Vivez en enfants de lumière. Et le fruit de la lumière s'appelle : bonté, justice, vérité. (Ép 5, 7-9)

Mais à ceux qui l'ont reçu, à ceux qui croient en son nom, il a donné le pouvoir de devenir enfants de Dieu. (Jn 1, 12)

La capacité d'abandonner le péché réside dans la force qui nous vient du Christ.

Je peux tout en Celui qui me rend fort. (Ph 4, 13)

Je les guérirai de leur apostasie, je les aimerai avec générosité : ma colère s'est détournée de lui. (Os 14, 5)

c. Prier avec constance

Choisir Jésus comme Maître de prière : « *en ces jours-là, Jésus s'en alla dans la montagne pour prier et il passa la nuit à prier Dieu* » *(Lc 6, 12).*

Jésus leur dit une parabole sur la nécessité pour eux de prier constamment et de ne pas se décourager. (Lc 18, 1)

Pour toi, quand tu veux prier, entre dans ta chambre la plus retirée, verrouille ta porte et adresse ta prière à ton Père, qui voit dans le secret. Et ton Père, qui voit dans le secret, te le rendra. (Mt 6, 6)

d. Invoquer l'Esprit Saint

Je vous donnerai un coeur neuf et je mettrai en vous un esprit neuf ; j'enlèverai de votre corps le coeur de pierre et je vous donnerai un coeur de chair. Je mettrai en vous mon propre esprit, je vous ferai marcher selon mes lois, garder et pratiquer mes coutumes. (Éz 36, 26-27)

Quel père parmi vous, si son fils lui demande un poisson, lui donnera un serpent au lieu de poisson ? Ou encore s'il demande un oeuf, lui donnera-t-il un scorpion ? Si donc vous, qui êtes mauvais, savez donner de bonnes choses à vos enfants, combien plus le Père céleste donnera-t-il l'Esprit Saint à ceux qui le lui demandent. (Lc 11, 11- 13)

e. Sanctifier notre travail et notre journée

Celui qui demeure en moi et en qui je demeure, celui-là portera du fruit en abondance car, en dehors de moi, vous ne pouvez rien faire. [...] Si vous demeurez en moi et que mes paroles demeurent en vous, vous demanderez ce que vous voudrez et cela vous arrivera. Ce qui glorifie mon Père, c'est que vous portiez du fruit en abondance et que vous soyez pour moi des disciples. (Jn 15, 5.7-8)

Il ne suffit pas de me dire : « Seigneur, Seigneur ! » pour entrer dans le Royaume des cieux ; il faut faire la volonté de mon Père qui est aux cieux. (Mt 7, 21)

f. Se laisser regarder, éduquer, guider, aimer...

Cela signifie, souligne Benoît XVI, « *abandonner notre autonomie d'adultes pour se reconnaître enfants devant Dieu* » *(cf. La Chiesa, Edizioni Paoline, 16).*

Il rencontre son peuple au pays du désert, dans les solitudes remplies de hurlements sauvages : il l'entoure, il l'instruit, il veille sur lui comme sur la prunelle de son oeil. Il est comme l'aigle qui encourage sa nichée : il plane au-dessus de ses petits, il déploie toute son envergure, il les prend et les porte sur ses ailes. Le Seigneur est seul à conduire son peuple, sans aucun dieu étranger auprès de lui. (Dt 32, 10-12)

Appelant un enfant, Jésus le plaça au milieu d'eux et dit : « En vérité, je vous le déclare, si vous ne changez et ne devenez comme les enfants, non, vous n'entrerez pas dans le Royaume des Cieux. Celui-là donc qui se fera petit comme cet enfant, voilà le plus grand dans le Royaume des Cieux. » (Mt 18, 2-4)

g. Participer aux rencontres de prière

Elles apportent une aide en proposant des chemins communautaires de conversion qui se concrétisent par :

- des séminaires de vie nouvelle dans l'Esprit
- des exercices spirituels
- des rencontres de formation chrétienne

h. Vivre une vie sacramentelle régulière

Cela signifie participer assidûment à la célébration du sacrement de l'eucharistie et de la réconciliation. Il est également nécessaire de choisir un accompagnateur spirituel.

Dieu est Tout : mon Dieu.
Dieu est au-dessus de moi : mon Seigneur.
Dieu est au-dessous de moi : mon Rocher.
Dieu est devant moi : mon But.
Dieu est derrière moi : ma Force.
Dieu est à côté de moi : mon Ami.
Dieu est uni à moi : mon Époux.
Dieu est pour moi : mon Sauveur.
Dieu est en moi : ma Vie.

3- La nécessité des petites communautés ecclésiales

« L'Église du futur sera construite à partir du bas, à travers de petites communautés. » *(Karl Rahner)*

1. L'idée de réunir les chrétiens en petits groupes n'est pas nouvelle, mais elle a un fondement solide.

En effet, Jésus lui-même a constitué le petit groupe des Douze dont il a pris soin de manière particulière, sans négliger pour autant les disciples, la foule entière et les rencontres avec toutes sortes de personnes.

Après la Pentecôte, les disciples de Jésus Christ, à leur tour, grandissaient ensemble en petits groupes où, éclairés par la Parole et la prière, vivant dans l'amitié fraternelle, ils travaillaient à la croissance de la communauté. Le livre des Actes des Apôtres rapporte la vitalité de ces petits groupes et leur expérience centrée sur la personne du Christ ressuscité dans la puissance de l'Esprit Saint. Dans les premiers siècles de l'histoire de l'Église, les communautés chrétiennes se réunissaient dans les maisons, en petits groupes, pour la prière, l'écoute de la Parole, la catéchèse et la célébration de l'eucharistie. Ce n'est qu'au quatrième siècle, lorsque l'Église put professer librement sa foi, que les chrétiens commencèrent à construire de grands édifices permettant de se rassembler en grand nombre.

2. L'idée du petit groupe est clairement souhaitée par l'Église pour renouveler les paroisses.

« Beaucoup de paroisses, tant dans les régions urbaines qu'en pays de mission, ne peuvent fonctionner avec plein succès par suite du manque de moyens matériels ou de ministres ordonnés, ou encore en raison des conditions spéciales de vie de certains chrétiens (comme, par exemple, les exilés et les immigrés). Pour que toutes ces paroisses soient de vraies communautés chrétiennes, les autorités locales doivent favoriser :

a) l'adaptation des structures paroissiales avec la grande souplesse accordée par le Droit Canon, surtout en favorisant la participation des laïcs aux responsabilités pastorales ;

b) les petites communautés ecclésiales de base, que l'on appelle aussi communautés de vie, où les fidèles puissent se communiquer mutuellement la Parole de Dieu et s'exprimer dans le service de l'amour ; ces communautés sont d'authentiques expressions de la communion ecclésiale et des centres d'évangélisation, en communion avec leurs Pasteurs. »

(CFL §-26)

3. Un seul disciple ayant un désir naturel de communion avec le Seigneur, suffit à faire jaillir une étincelle et à enflammer un groupe.

Un groupe, à son tour, suffit à enflammer d'ardeur un quartier, une école, un bureau commercial ou tout le voisinage. Des hommes et des femmes motivés et brûlants d'ardeur peuvent transformer une communauté de pratiquants passifs en évangélisateurs actifs et fervents. Au début, la question ne porte pas sur la quantité, mais sur la qualité. Comme lorsque Jonathan dit à son ami écuyer :

Peut-être le Seigneur agira-t-il pour nous ; en effet, qu'on soit nombreux ou non, rien n'empêche le Seigneur de donner la victoire. (1 S 14, 6)

Si tu évangélises une personne et qu'elle se convertit à Jésus, tu sais que, tel un nouveau-né, elle a besoin de soins particuliers : d'une famille qui l'accueille, l'alimente, veille sur son chemin et soutienne sa persévérance. Cela ne peut être assuré, au départ, par la communauté paroissiale ; seul un petit groupe qui se rencontre comme une famille dans une maison privée peut suivre avec amour la croissance de cette personne.

Il s'agit de :
la cellule paroissiale d'évangélisation

C- L'ENTRÉE DANS LA CELLULE

À ce stade du processus d'évangélisation, l'évangélisateur peut proposer à celui qu'il évangélise d'entrer en cellule. Sa proposition sera très simple. Il pourra dire :

« Il faut que tu saches qu'un groupe dont je fais partie se réunit toutes les semaines dans une maison privée. Ces personnes sont au courant de ce que nous sommes en train de faire pour nous approcher du Seigneur. Elles prient continuellement pour toi et pour moi et, sans te connaître, elles t'aiment profondément. C'est peut-être une expérience nouvelle et étrange pour toi que de te savoir aimé par des inconnus. Si tu désires participer à cette rencontre, je serai heureux de t'accompagner. Bien entendu, tu pourras faire l'expérience de cet amour gratuit et fraternel, soutenu par la prière. »

Attention ! La première et brève adhésion d'une personne ne constitue pas une condition sine qua non à son engagement dans la cellule. En effet, elle n'est pas obligée, dès le départ, d'exprimer clairement son adhésion. Son acceptation de principe pour se laisser inviter suffit. On peut d'ailleurs lui permettre de visiter deux à trois fois la cellule sans prendre d'engagement. Si elle persévère, elle pourra alors s'engager comme membre fidèle dans l'esprit des CPÉ. Il est essentiel que la personne garde toute sa liberté et se sente accueillie dans ce climat de liberté. Même si l'espérance que le nouveau venu intègre la cellule est vive, on ne peut exiger de lui qu'il s'engage dès sa première visite dans la cellule. Invitation et adhésion sont deux maillons du processus d'évangélisation qui se tissent de manière très délicate et dans un ordre que seul l'Esprit Saint peut rendre fécond. Pour approfondir cette étape de l'invitation, il est conseillé de lire et d'étudier le chapitre 6, intitulé : « L'entrée en cellule », dans Évangéliser en paroisse de Giuseppe Macchioni. Nous citons ici la 2e partie de ce chapitre :

Invitation à entrer en cellule et admission

Le moment opportun venu, le frère est invité, à titre d'hôte, à une réunion de la cellule.

Bien sûr, chaque histoire est différente car elle n'est pas fondamentalement une oeuvre humaine et rationnelle, mais une oeuvre de Dieu, de sa fantaisie, née des occasions infinies que possède l'Esprit Saint de toucher les cœurs, laissant néanmoins aux hommes toute leur liberté.

Il faut, bien entendu, que le leader soit prévenu d'avance de l'entrée éventuelle d'un nouveau membre dans la cellule, que l'admission se fasse à une date précise, à un moment où les circonstances sont les plus favorables, et que la cellule elle-même soit préparée à cet accueil et s'y prépare dans la prière.

Un nouveau venu, dès sa première visite, devra se sentir accueilli, désiré, aimé. Si tel n'était pas le cas, un des moments les plus délicats et les plus marquants du processus d'évangélisation s'effondrerait.

Ce qui le frappera d'une manière positive et l'incitera à revenir, c'est l'amour réciproque des frères. Selon la parole de Jésus : *« A ceci tous reconnaîtront que vous êtes mes disciples : si vous avez de l'amour les uns pour les autres » (Jn 13, 35)*, il désirera goûter de nouveau à cet amour vivant, sain, gratuit, joyeux qui circule entre les vrais disciples de Jésus. Ce sera là sa pensée, même s'il ne l'exprime pas de manière consciente : « Si cet amour est vrai, je veux le vivre moi aussi, car grande est la joie qu'il communique. »

Don Giuseppe Macchioni
Évangéliser en paroisse, p. 97-98.

Si celui que tu évangélises accepte l'invitation, tu donneras plus de précisions sur les détails de la rencontre de cellule et tu pourras partir de l'explication ci-dessous.

1- Ce qu'est une « cellule »

> La « cellule » est un petit groupe de personnes en croissance et en multiplication constantes, – à l'intérieur duquel existent des relations d'oïkos –, qui s'efforce d'évangéliser, de former des disciples et d'accomplir des services à travers les relations quotidiennes.

Définissons chacun des termes :

- Cellule

En biologie, la cellule est la plus petite unité structurelle et fonctionnelle qui entre dans la composition des êtres vivants. La cellule vit, se nourrit, grandit et se reproduit. Nous verrons comment cette définition s'adapte parfaitement à la cellule paroissiale d'évangélisation.

- Petit groupe de personnes

C'est un petit groupe car, lorsqu'on est peu nombreux, il y a réellement de l'espace pour la prière, le partage, l'approfondissement et la véritable connaissance réciproque. En outre, le petit groupe est flexible. Il peut aisément s'adapter à de nouvelles exigences, changer facilement de lieu, de jour de rencontre. Il peut organiser des moments particuliers, se multiplier ou se dissoudre sans porter atteinte à la structure institutionnelle de l'Église.

Quelle différence y a-t-il entre le « Groupe » et la « Cellule » ?

– Le groupe (par exemple « groupe de croissance », ou « groupe d'Évangile », « groupe familial », « groupe d'écoute », « groupe de service », « groupe de partage ») part d'un noyau qui a pour premier objectif de répondre à des besoins très spécifiques et particuliers de la vie chrétienne. Il lui est donc difficile, de par sa nature, d'accueillir de nouveaux arrivants, puisqu'il n'a pas prévu, anticipé, formalisé et structuré sa croissance et sa multiplication.

– Quant à la cellule, orientée vers l'évangélisation, elle réalise sa mission au moment même où un frère éloigné de la foi y entre. Toute la cellule se penche sur lui et adapte sa progression, « marque le pas » dans l'attente que le frère puisse cheminer avec les autres ; il se passe donc ce que l'évangéliste Marc souligne : *« Si quelqu'un veut être le premier, qu'il soit le dernier de tous et le serviteur de tous. » (Mc 9, 35)*

> Ainsi donc, mes frères, quand vous vous réunissez pour manger, attendez-vous les uns les autres. *(1 Co 11, 33)*

- En croissance permanente

Ce qui rend la cellule originale par rapport à tout autre groupe, c'est qu'elle permet la croissance qualitative de chacun de ses membres (de la conversion à la maturité) et la croissance quantitative (en accueillant de nouveaux frères).

- En constante multiplication

Tout comme la cellule biologique, la cellule d'évangélisation doit se multiplier dès qu'elle atteint une certaine dimension ; elle vit pour se multiplier. Une cellule vit lorsqu'elle accueille sans cesse de nouveaux frères et soeurs qui ont été évangélisés, selon ce que nous avons appris jusqu'à présent. La joie et la vitalité d'une cellule est d'accueillir, de faire grandir, de se multiplier, conformément à l'invitation de Jésus : « *Allez par le monde entier, proclamez l'Évangile à toutes les créatures* » *(Mc 16, 15)*.

En effet, un des buts majeurs de la cellule est de grandir en nombre, de façon à permettre la multiplication. Pour cette raison, il faut considérer la cellule comme le lieu de la première annonce kérygmatique.

Si ce n'est pas le cas, la cellule risque de stagner, de se replier sur elle-même, de souffrir de « koïnonite » *(cf. p. 75)*, de ne plus accomplir sa mission, et finalement de mourir. Un chrétien qui n'évangélise pas est un chrétien à la retraite et la cellule qui ne grandit plus est destinée à disparaître. La Parole de Dieu exige et promet :

Soyez féconds et prolifiques, remplissez la terre et dominez-la. Soumettez les poissons de la mer, les oiseaux du ciel et toute bête qui remue sur la terre ! » (Gn 1, 28)

Je veux te faire don de mon alliance entre toi et moi, je te ferai proliférer à l'extrême. (Gn 17, 2)

Ce qui glorifie mon Père, c'est que vous portez du fruit en abondance et que vous soyez pour moi des disciples. (Jn 15, 8)

Le plus petit deviendra un millier, le plus chétif, une nation comptant des myriades. Moi, le Seigneur, en son temps, je hâterai l'événement. (Es 60, 22)

La parole de Dieu croissait et le nombre de disciples augmentait considérablement… (Ac 6, 7)

- À l'intérieur duquel existent des relations d'oïkos

Chaque membre de la cellule a son propre oïkos. Notre évangélisation s'adresse à des frères et soeurs éloignés de la foi ou dont la foi est endormie : des proches, des amis, des voisins, des collègues et tous ceux à qui nous avons parlé de Jésus. La cellule est fréquentée par des personnes qui proviennent de l'oïkos de chacun et peuvent donc être d'âge, d'origine, de sexe, de culture et de professions divers. Cela est bon, car la diversité est enrichissante et formatrice. Il n'en est pas moins vrai, et c'est fréquent, que certaines cellules peuvent être, au départ, homogènes, c'est-à-dire composées uniquement de jeunes, de jeunes couples, de personnes âgées ou de mamans, etc.

- Qui a pour but d'évangéliser et de former des disciples

C'est la réponse concrète à la « grande mission » *(cf. Mc 16, 15 et Mt 28, 19-20)* que Jésus nous a confiée et qu'il vaut la peine de rappeler tous les jours.

- Elle accomplit des services

À l'intérieur de la cellule, on accomplit de nombreux services ecclésiaux, tels que guider la prière de louange, chanter, partager, témoigner, prophétiser, etc. À travers la cellule et la responsabilité exercée par le leader, le pasteur de la communauté suit spirituellement les fidèles qui lui sont confiés, les nourrit avec la nourriture solide de la Parole de Dieu, les forme dans la foi pour qu'ils deviennent des disciples du Seigneur et les éduque à devenir des évangélisateurs. Dans la cellule, chacun exerce ses propres charismes pour servir ses frères avec amour et humilité, en essayant d'aller au-devant de leurs besoins spirituels, psychologiques, matériels et physiques, selon ce principe :

« Cherchez la blessure et soignez-la ! »

- À travers les relations quotidiennes

La majeure partie du service de la cellule se déroule en dehors des rencontres. C'est important car, en entendant le mot « groupe », on pense immédiatement à une réunion de personnes. Or, si la réunion est le point de rencontre de la cellule, la majeure partie du service se déroule durant la semaine, en dehors de la rencontre elle-même, tandis que nous vivons avec les autres et les servons. La rencontre est un moment de pause pour reprendre des forces, rendre compte de ce que nous avons fait et recevoir confirmation de la valeur de notre action, selon la « Mission » de Jésus. Tous les chrétiens sont ministres en vertu de leur baptême. Le but de tout chrétien est de devenir évangélisateur. Proclamer l'Évangile est la priorité de toute l'Église.

« Nous voulons confirmer une fois de plus que la tâche d'évangéliser tous les hommes constitue la mission essentielle de l'Église. »

(Paul VI, EN §-14)

Il est très important de se souvenir que *le chemin d'évangélisation ne commence pas par l'invitation dans la cellule.* Le processus d'évangélisation qui mène un frère de notre oïkos à la conversion commence par la prière et prévoit un cheminement qui, nous l'avons vu, peut durer quelques semaines, parfois des mois, voire davantage. Ne nous décourageons pas si notre frère ne s'ouvre pas tout de suite à la conversion : persévérons dans la prière et le service, et le Seigneur, en temps voulu, convertira son coeur, changeant même les situations qui nous semblaient désespérées. Le temps que nous consacrons à notre frère est indispensable pour le connaître, le préparer, le soutenir par la prière de toute la cellule et l'accompagner pas à pas vers l'événement fondamental de sa vie : la rencontre avec Jésus. Ce sera le meilleur moment pour l'inviter à visiter notre cellule.

2- Les avantages de la cellule

a. ELLE EST FLEXIBLE

La cellule, en tant que petit groupe, peut aisément modifier sa manière de fonctionner pour s'adapter à des situations changeantes ou à des exigences particulières de la part de certains frères. Son caractère informel lui permet d'être flexible en ce qui concerne le lieu, le jour et l'heure de ses rencontres.

b. ELLE EST MOBILE

Un petit groupe tel que la cellule peut se réunir à la maison, au bureau, au magasin ou partout ailleurs, mais le lieu idéal reste une habitation privée.

c. ELLE EST ACCUEILLANTE

Une cellule peut faire preuve d'une grande disponibilité pour accueillir des personnes de toutes sortes. Lorsqu'une personne est invitée dans un petit groupe dédié à la prière et au partage d'expériences spirituelles, elle se sent accueillie par tous en vue de son propre salut.

d. ELLE FACILITE LES RELATIONS PERSONNELLES

Les chrétiens souffrent souvent de rapports impersonnels et anonymes, trop rapides et superficiels, ou trop limités au domaine professionnel. Dans un petit groupe tel que la cellule, au contraire, des relations personnelles s'instaurent, permettant à chacun de se sentir attendu, écouté, estimé, non-jugé et aimé tel qu'il est. La cellule est un lieu de sainteté.

e. ELLE PEUT GRANDIR

La cellule n'atteint ses objectifs que si elle continue à conserver de petites dimensions, en se reproduisant constamment. Comme les organismes cellulaires, elle peut se multiplier par deux, quatre, huit ou plus, en fonction de la vitalité de chaque groupe.

f. ELLE EST UN RÉEL MOYEN D'ÉVANGÉLISATION

L'un des buts de la cellule est de transformer un chrétien en disciple de Jésus qui se laisse toucher par l'urgence d'annoncer le Royaume de Dieu, à partir de la prière pour les membres de son propre oïkos. La cellule est missionnaire par nature.

g. SES LEADERS N'ONT PAS BESOIN D'UNE PRÉPARATION PROFESSIONNELLE RECONNUE

L'expérience montre que les leaders des petits groupes peuvent être préparés dans le contexte de la paroisse elle-même, à travers l'engagement dans l'évangélisation, la vie de la cellule et la participation aux sessions de formation.

h. ELLE S'ADAPTE FACILEMENT À L'ÉGLISE INSTITUTIONNELLE

Elle n'interfère pas dans la vie quotidienne de la paroisse, mais donne une âme à la communauté tout entière. Elle imprime à toute réalité déjà existante un esprit d'évangélisation.

> *« L'homme contemporain écoute plus volontiers*
> *les témoins que les maîtres ou, s'il écoute les maîtres,*
> *c'est parce qu'ils sont des témoins. »*
>
> *(Paul VI, EN §-41)*

3- La cellule collabore-t-elle au projet de Dieu ?

Dieu réalise son projet d'amour pour l'humanité à travers son Fils, qui se fait homme pour annoncer le Royaume de Dieu. Jésus lui-même nous indique la raison de sa venue parmi nous :

Car je ne suis pas venu juger le monde, je suis venu sauver le monde. (Jn 12, 47b)

Allons ailleurs dans les bourgs voisins, pour que j'y proclame aussi l'Évangile : car c'est pour cela que je suis sorti. (Mc 1, 38)

Ce n'est pas vous qui m'avez choisi, c'est moi qui vous ai choisis et institués pour que vous alliez, que vous portiez du fruit et que votre fruit demeure. (Jn 15, 16)

- Aller : c'est l'action propre de l'évangélisation, qui va vers l'autre pour annoncer ; elle n'attend pas qu'il vienne, mais elle va vers lui par tous les moyens.

- Porter du fruit : l'annonce produit des fruits de conversion vrais et stables qui, à leur tour, génèrent de nouvelles conversions.

A. La volonté de Dieu est que toute personne sur la terre soit un disciple

Il faut rappeler cette vérité, car on ne saurait se limiter à ceux qui vivent déjà leur foi en Église. Si l'on considère la *mission* que nous avons reçue de Jésus, on ne peut restreindre la diffusion de l'annonce à un espace circonscrit ou à un groupe limité de personnes. Le but à atteindre n'est pas simplement celui de notre croissance spirituelle personnelle, mais celui de l'annonce du Royaume de Dieu au monde entier, selon le commandement du Christ.

B. Le Christ a fondé l'Église comme instrument et milieu de vie de cette croissance

La croissance fait partie de la nature de l'Église. Parfois, nous pensons que la croissance spirituelle est plus importante que la croissance numérique. Aucune des deux n'est prioritaire sur l'autre, car le chemin de sainteté personnelle et l'efficacité de l'évangélisation sont, tous deux, don de l'amour de Dieu et action de l'Esprit Saint.

Seigneur, est-ce maintenant le temps où tu vas rétablir le Royaume pour Israël ? » Il leur dit : « vous n'avez pas à connaître les temps et les moments que le Père a fixés de sa propre autorité ; mais vous allez recevoir une puissance, celle du Saint Esprit qui viendra sur vous ; vous serez alors mes témoins à Jérusalem, dans toute la Judée et la Samarie, et jusqu'aux extrémités de la terre. (Ac 1, 6-8)

C. La prédication de l'Évangile est une priorité pour l'Église et la cellule

« Évangélisez et formez des disciples ! » Le mandat missionnaire se présente ici comme un double impératif. Mais les deux commandements sont ordonnés l'un à l'autre et intégrés l'un dans l'autre. La formation de disciples tire toujours ses origines de l'évangélisation et le but du disciple est de devenir, à terme, un évangélisateur. L'apôtre Pierre le souligne clairement :

Le Seigneur ne tarde pas à tenir sa promesse, alors que certains prétendent qu'il a du retard, mais il fait preuve de patience envers vous, ne voulant pas que quelques-uns périssent mais que tous parviennent à la conversion. (2 P 3, 9)

La seule raison pour laquelle il retarde son retour est de permettre que le plus grand nombre possible de personnes soient sauvées. *L'évangélisation doit donc être considérée comme prioritaire.*

D. Tout baptisé a le devoir d'annoncer et reçoit la grâce nécessaire pour le faire

Beaucoup pensent que Dieu ne peut se servir d'eux, à moins d'être engagés à temps plein dans le ministère. Au contraire, par les sacrements de l'initiation chrétienne, tous reçoivent l'Esprit Saint et, avec lui, le ministère et les grâces nécessaires pour être évangélisateurs au quotidien.

SESSION 6

« Les fidèles laïcs, précisément
parce qu'ils sont membres de l'Église,
ont la vocation et la mission d'annoncer l'Évangile :
à cette activité ils sont habilités et engagés
par les sacrements de l'initiation chrétienne
et par les dons du Saint Esprit. »
(CFL §-33)

E. La multiplication de la cellule réalise le projet de Dieu

Dans le cheminement de la cellule, la multiplication est grâce de Dieu et réalisation de son projet. Lorsque la cellule se multiplie, elle accueille un grand don : celui d'avoir été l'instrument de l'Esprit Saint. Elle rend ainsi manifeste, comme fruit de l'annonce et de l'amour qui règne en elle, la croissance de l'Église, car :

À ceci, tous vous reconnaîtront pour mes disciples : à l'amour que vous aurez les uns pour les autres. (Jn 13, 35)

Ancienne prière médiévale

« Le Christ n'a pas de mains,
il n'a que nos mains pour servir nos frères.

Le Christ n'a pas de pieds,
il n'a que nos pieds pour apporter les bonnes nouvelles
de bien, de paix et de salut.

Le Christ n'a pas de lèvres,
il n'a que notre voix, pour crier à tous son Amour infini.

Nous sommes la seule Bible que les hommes lisent encore ! »

D- ÉTUDE DE LA BIBLE — 7

1. Confier sa vie au Seigneur implique de « laisser » quelque chose. Quelles sont les choses, les attitudes, les mauvaises affections que vous avez « laissées » ou que vous essayez de « laisser » ?

2. Le commandement de Jésus revient avec insistance : *Mc 16, 15 – Mt 28, 18-20.* Ce parcours vous aide-t-il à « obéir » à ce commandement ? De quelle manière ?

3. Qu'est-ce que la cellule pour vous ?

4. Mettez-vous, à la disposition de tous, les dons spirituels et humains que le Seigneur vous a faits ?

E- TRAVAIL DE LA 6e SEMAINE

______ J'ai lu dans *Evangelii nuntiandi les nos 59-73.*

______ J'ai assimilé le concept d'« engagement ».

______ J'accueille pleinement la vision de la « cellule ».

______ J'ai mémorisé la définition de la « cellule ».

______ J'ai terminé l'*Étude de la Bible – 7*.

À propos de la liste de mon oïkos : au cours de ces semaines, quelque chose a-t-il changé en moi ou dans mes relations avec les frères que j'ai choisis ?

L'idée la plus utile que j'aie trouvée dans Evangelii nuntiandi aux numéros 59 à 73 est :

SEPTIÈME SESSION

Le processus d'évangélisation : **la vie en cellule**

SOMMAIRE

A- LE PROCESSUS D'ÉVANGÉLISATION

La 7e étape du « Filet » : la cellule

« Venez à ma suite et je vous ferai devenir pêcheurs d'hommes »
(Mc 1, 17, trad. litt.)

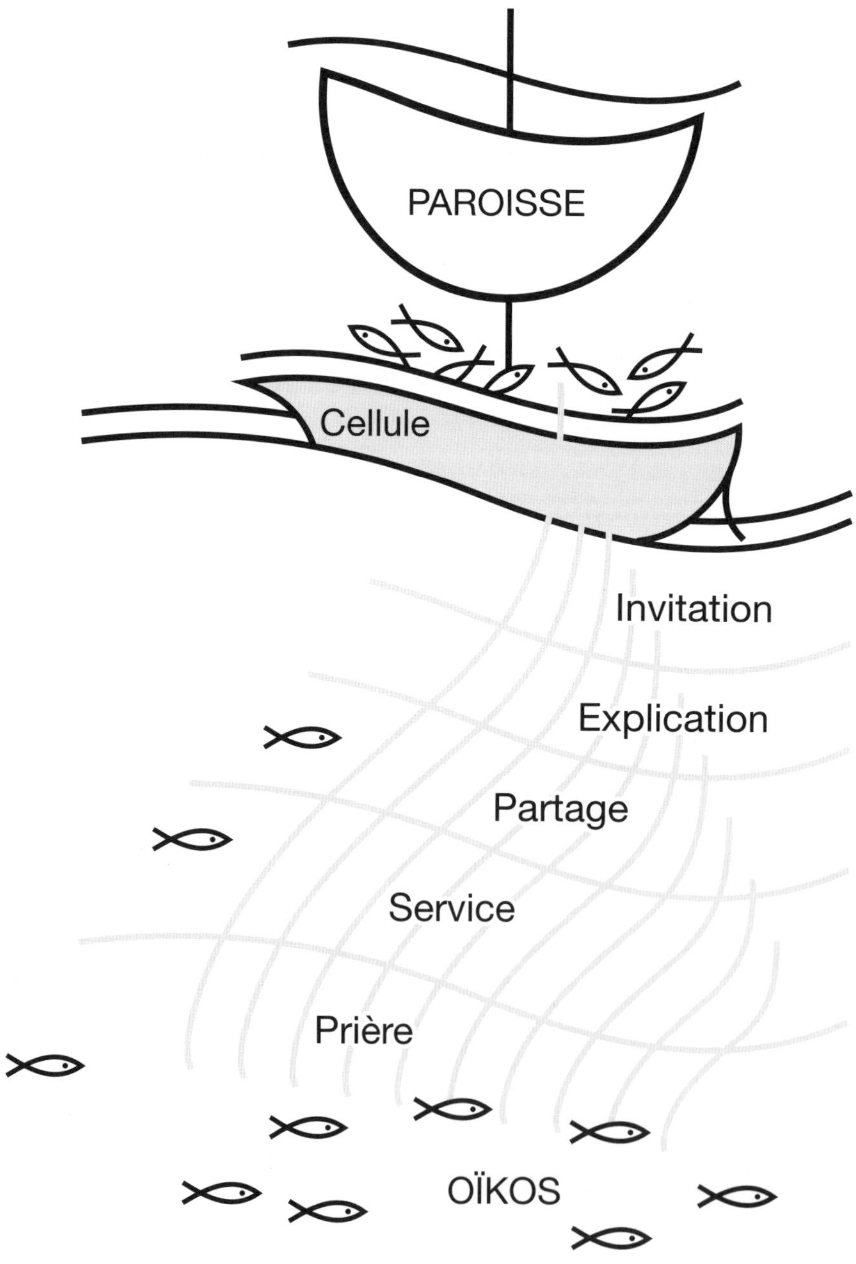

B- COMMENT VIT UNE CELLULE ?

Toutes les cellules vivent leur réunion selon les mêmes modalités. Toutefois, chaque cellule a ses propres caractéristiques. En effet, comme nous l'avons vu au cours de la session précédente, la rencontre se fait dans des lieux et à des horaires différents. Les personnes qui la composent et qui la guident sont également différentes de par leur âge, leur profession, leurs intérêts et leurs niveaux culturels.

Néanmoins, chaque cellule respecte les trois points suivants :
a- La durée de la rencontre : une heure et trente minutes
b- Le déroulement : les sept moments
c- Les sept buts.

1- La durée de la rencontre

L'expérience montre qu'une heure et demie est un temps idéal pour vivre pleinement la réunion de cellule. Ce temps permet de développer toutes les étapes qui la caractérisent. Une réunion devrait toujours se terminer en suscitant le désir de rester plus longtemps ensemble et de se revoir. Par ailleurs, le respect du temps imparti permet aux frères engagés dans d'autres activités d'y participer. C'est aussi un signe de charité, de respect envers les frères et d'attention au bon ordre.

Préparer un climat accueillant et confortable

Quand la cellule se rencontre, il est important de préparer le lieu, afin qu'il soit accueillant et que tout le monde soit à l'aise. Cela nécessite une attention particulière aux détails pratiques :

1. Le lieu doit être accueillant et confortable, ni trop chaud ni trop froid.

2. L'éclairage doit être adéquat.

3. Le groupe se dispose en cercle afin que tous les participants puissent se regarder ; au centre, sont posés, sur une petite table, une icône ou un crucifix, une bougie allumée, les livres de chants, quelques bibles.

4. Tout ce qui porte à la distraction est à éviter : téléphone, animaux, sonnettes, etc.

5. La réunion doit se vivre pour ce qu'elle est effectivement : une rencontre dans l'amour de Dieu.

« L'accueil, cordial et gratuit, est la condition première de toute évangélisation. C'est sur lui que doit venir se greffer l'annonce explicite du Christ Sauveur du monde avec des paroles amicales, au moment opportun et avec des moyens adaptés. Pour l'évangélisation, il est essentiel de communiquer la foi d'un croyant à un autre, d'un individu à un autre. » (CEI, « Le visage missionnaire de nos paroisses dans un monde qui change », 6)

2- Le déroulement de la rencontre : les sept moments

La réunion de la cellule d'évangélisation se déroule selon les sept moments suivants :

1.	Le chant et la prière de louange	15 min
2.	Le partage	15-20 min
3.	L'enseignement	15-20 min
4.	L'approfondissement	15 min
5.	Les annonces	5 min
6.	La prière d'intercession	10 min
7.	La prière de guérison	10 min

Total : 1 h 15 / 1 h 30

Il est important de vivre tous ces moments, sans en privilégier certains. Ces sept étapes ont été étudiées pour nous permettre de nous approcher de Dieu et nous accompagner dans l'évangélisation. Elles sont expliquées ci-après :

1. Le chant et la prière de louange *(environ 15 minutes)*

La réunion commence toujours par un temps consacré à la prière de louange, avec des chants accompagnés, si possible, par un instrument. Des chants enregistrés, connus du groupe, peuvent être utilisés en dernier recours. Nous prions dans la joie, parce que la joie et l'enthousiasme sont plus importants qu'une « belle voix ». Laissons Dieu faire tout le reste.

C'est une prière qui :

- nous libère de la fatigue de la journée (presque toutes les cellules se rencontrent le soir) ;
- place Jésus au centre ;
- nous ouvre à l'amour de Dieu et de nos frères ;
- invoque le don de l'Esprit Saint afin qu'il nous guide, nous éduque et nous rende dociles à ses enseignements ;
- inspire la paix et le pardon.

C'est une prière à laquelle tout le monde devrait participer, même les plus timides. C'est pour cela qu'elle doit être brève, simple et joyeuse. Elle est notre « merci » et notre « louange » pour ce que Dieu est, et pour tout ce qu'il a déjà fait, est en train de faire et fera encore pour nous.

Dites ensemble des psaumes, des hymnes et des chants inspirés ; chantez et célébrez le Seigneur de tout votre cœur. (Ép 5, 19)

Que la parole du Christ habite parmi vous dans toute sa richesse : instruisez-vous et avertissez-vous les uns les autres avec pleine sagesse ; chantez à Dieu, dans vos coeurs, votre reconnaissance, par des psaumes, des hymnes et des chants inspirés par l'Esprit. (Col 3, 16)

Moi, je compte sur ta fidélité : que mon coeur jouisse de ton salut, que je chante au Seigneur pour le bien qu'il m'a fait. (Ps 13, 6)

Servez le Seigneur avec joie ; entrez devant lui avec allégresse. (Ps 100, 2)

Il est préférable de nommer une personne qui sera chargée d'introduire la prière de louange et de proposer des chants adaptés.

2. Le partage *(environ 15-20 minutes)*

Le partage est un grand don pour tout le monde. Chaque frère, après une réflexion attentive, communique aux autres ce qu'il a vécu pendant la semaine, à partir de deux interrogations :

- qu'est-ce que Dieu a fait pour moi, c'est-à-dire comment ai-je reconnu l'oeuvre de son amour dans ma vie ?
- qu'est-ce j'ai fait pour Dieu, c'est-à-dire qu'ai-je fait pour lui, à travers l'évangélisation ?

Ce moment est très important, parce qu'il permet de vérifier la croissance spirituelle des personnes et de valoriser leur engagement dans l'évangélisation de leur propre oïkos. C'est un moment où chacun, s'il le veut, raconte ses joies et ses difficultés dans son propre chemin de foi et dans le service des frères de son oïkos. Ces derniers sont aussi portés dans la prière par toute la cellule. On peut également demander à la cellule de prier pour l'un de ses membres qui a besoin d'un soutien au moment précis où il va évangéliser. Dans ce cas, le jour et l'heure fixés pour le rendez-vous seront préalablement indiqués à tous. La meilleure façon est d'offrir un temps d'adoration eucharistique.

Quelques idées pour guider le partage :

- Au début du partage, le leader peut raconter une expérience personnelle très simple qui provoque la participation de tous.

- Ce qui est partagé ne doit être ni commenté ni jugé.

- Au début, le partage va ressembler au premier schéma ci-dessous : celui qui partage son expérience s'adresse seulement au leader de la cellule. En réalité, le but est de vivre ce moment tel qu'il est représenté dans le deuxième schéma : l'échange fait participer tout le monde.

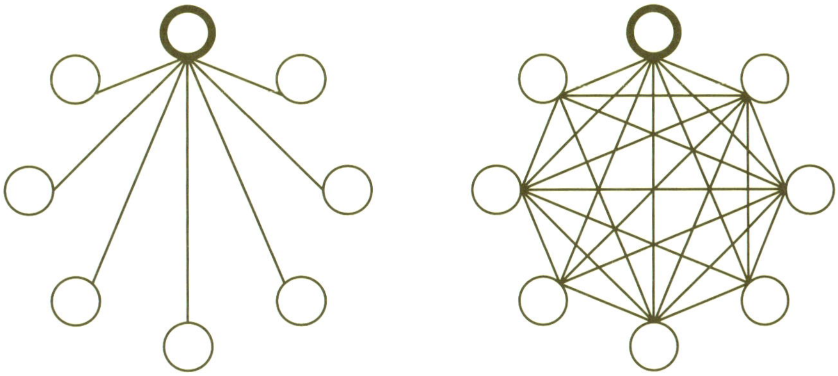

- Le partage le plus efficace doit être A – B – C, comme notre témoignage personnel : Authentique, Bref et Christocentrique.

- Le leader apprend aux frères à entrer résolument dans la Parole de Dieu et les aide à la mettre en pratique.

- Si un point particulier nécessite un approfondissement plus important, on peut lui consacrer plus de temps en privé. Ayez un oeil sur la montre ! Le partage ne doit pas être négligé, mais ne doit pas non plus dépasser le temps prévu, à quelques exceptions près.

3. L'enseignement *(environ 15-20 minutes)*

L'enseignement est le moyen par lequel le pasteur est présent dans la communauté. Sa catéchèse, à travers un enregistrement audio, nourrit la croissance dans la foi de chaque membre de la cellule. Tous écoutent le même enseignement et le lisent aussi sur un support papier comprenant quelques questions utiles à son approfondissement. Le leader se prépare, si possible avec son co-leader, en écoutant l'enseignement à l'avance. À l'aide du support papier, il essaye ensuite, d'en assimiler le contenu et d'imaginer des questions supplémentaires, afin d'être prêt à répondre à d'éventuelles sollicitations de la part des membres. Les sujets traités peuvent s'inspirer d'un texte de la Parole de Dieu, d'un document du Magistère de l'Église ou d'une exhortation pastorale, en syntonie aussi avec certaines initiatives pastorales diocésaines. Cette étape est en lien avec la suivante qui vise essentiellement à appliquer dans sa vie concrète et personnelle la parole de Dieu qui fait vivre.

4. L'approfondissement *(environ 15 minutes)*

C'est un temps de croissance réciproque. La réflexion de l'un édifie l'autre. Le leader se préoccupera d'impliquer toutes les personnes présentes, en laissant plus de temps dans le cas où émergent des questions importantes. Il veillera à ce que l'approfondissement ne dégénère pas en discussion. C'est le moment où le disciple intègre l'enseignement du maître et cherche à appliquer la parole de Dieu dans sa vie de tous les jours.

5. Les annonces *(environ 5 minutes)*

C'est un moment bref au cours duquel sont rappelés les engagements communautaires, les dates et toutes les informations transmises par le secrétariat. En effet, la cellule est insérée dans la vie de la paroisse et, par conséquent, dans celle du diocèse. Ce temps d'annonces doit être suivi avec attention et intérêt. Si l'une des personnes présentes est au courant d'autres initiatives, elle doit les communiquer au leader.

On rappellera aussi la contribution financière, à laquelle chaque cellule est invitée à participer en toute liberté, pour subvenir aux dépenses de gestion du système des cellules. Il est parfois bon d'expliquer que le soutien régulier apporté à la communauté porte le nom biblique de « dîme ». Ce terme désignait la dixième partie des revenus que le peuple d'Israël offrait au Seigneur pour le soutien du temple et du culte. Par dîme, nous entendons actuellement une offrande régulière, mensuelle par exemple, faite au Seigneur par un fidèle, une famille ou une cellule. La communauté peut compter sur cette offrande pour pourvoir aux besoins de l'évangélisation.

6. La prière d'intercession *(environ 10 minutes)*

La louange, l'écoute des frères pendant le partage, la méditation de la Parole proposée par l'enseignement, nous amènent à intercéder. Dans la cellule, nous intercédons, avant tout, afin que l'évangélisation soit vraiment « nouvelle » dans notre « oïkos », dans la paroisse et dans l'Église ; puis nous prions pour les intentions reçues de la communauté paroissiale et pour celles qui sont suggérées par les membres de la cellule même.

Comment intercéder ?

a. Avec foi, en sachant que Dieu nous écoute vraiment et veut nous exaucer : « Je vous le déclare encore, si deux d'entre vous, sur la terre, se mettent d'accord pour demander quoi que ce soit, cela leur sera accordé par mon Père qui est aux cieux » (Mt 18, 19).

b. Pour une seule intention à la fois, afin que tout le monde puisse s'y associer.

c. Brièvement, car, pour le Seigneur, seule compte l'adhésion du coeur.

- Au début de la prière d'intercession, il serait opportun de présenter d'abord les intentions particulières des membres de la cellule, si certains d'entre eux en ont.

- Le leader, attentif aux besoins individuels qui se sont manifestés pendant la rencontre, aidera les plus timides ou ceux qui n'ont pas encore la capacité de s'exprimer librement. Il leur proposera de formuler une prière d'intercession ayant pour but de les soutenir dans leurs besoins.

- Prévoir un responsable qui inscrive, sur la « feuille des intentions de prière de la cellule », une synthèse des intercessions exprimées, afin qu'elles soient présentées à la communauté paroissiale pendant la sainte messe du dimanche.

- Demander aussi l'intercession de la Très Sainte Vierge Marie et de tous les saints.

- Il est important aussi de se rappeler que, selon l'image transmise par saint Bernard, la foi catholique considère Marie comme le « cou » du Corps Mystique. Tout ce qui est présent dans le Corps Mystique passe par une prière qui va du « cou » vers la Tête.

- L'inverse est également vrai : tout ce qui est dans la Tête du Corps Mystique (comme la grâce, la miséricorde, le pardon, etc.) passe, pour nous rejoindre, par le « cou », représenté par Marie.

7. La prière de guérison *(environ 10 minutes)*

Tous ceux qui ont besoin d'une prière spéciale de guérison, exclusivement parmi les présents, sont invités à la demander avec confiance. Il n'est pas obligatoire de faire, à chaque rencontre de cellule, une prière de guérison. Elle pourrait être nécessaire dans les cas de figure suivants :

- Elle a été demandée par l'un des participants qui désire être soutenu.

- Le leader a perçu la souffrance de l'un des membres de sa cellule qui n'ose pas demander lui-même cette prière de guérison. En priant pour lui, il l'éduque à avoir une plus grande confiance dans le Seigneur, riche en miséricorde, et dans la promesse rassurante de sa présence parmi les frères qui s'aiment :

Car, là où deux ou trois se trouvent réunis en mon nom, je suis au milieu d'eux. (Mt 18, 20)

Comment se développe cette prière ?

Il est fondamental que le leader guide lui-même la prière de guérison, en invitant tout le monde à prier avec beaucoup d'amour et à invoquer le don de l'Esprit Saint, afin qu'il descende sur le frère. Il demandera aussi la lumière, la paix et le discernement sur la situation que le frère est en train de vivre. Les situations pour lesquelles on peut prier concernent :

- les difficultés spirituelles,
- les difficultés morales,
- les difficultés affectives,
- les difficultés dans les relations (y compris entre les membres de la cellule) qui provoquent découragement et dépression,
- les difficultés économiques,
- les difficultés de santé physique et mentale,
- les difficultés au travail,
- etc.

Demander la prière de guérison est un acte d'humilité qui exprime notre besoin de recourir à l'aide de Dieu et de nos frères.

Priez les uns pour les autres, afin d'être guéris. (Jc 5, 16)

Conclusion de la rencontre

La réunion se termine avec la prière pour l'évangélisation et le « Notre Père », récité en se tenant par la main et tournés vers l'extérieur, pour signifier notre désir de sortir pour évangéliser. Nous passons ainsi du « Viens », apprends à suivre Jésus, au « va » l'annoncer à tout le monde, à partir de ton oïkos ! Notre annonce, enracinée dans la prière et le service gratuit et désintéressé, doit se réaliser avec un coeur universel, parce que le Seigneur nous appelle à penser en grand, à aimer en grand et à évangéliser en grand !

Depuis le 1er janvier 1990, dans la paroisse de Sant'Eustorgio, on récite, à la fin de chaque rencontre de cellule et de chaque célébration eucharistique, *« la prière pour la nouvelle évangélisation »*. On prie pour l'évangélisation du monde entier en ce nouveau millénaire. Cette prière, dont vous trouverez le texte ci-dessous, est actuellement récitée dans plusieurs pays du monde, non seulement grâce aux séminaires internationaux sur le Système des Cellules Paroissiales d'Évangélisation (que la paroisse de Sant'Eustorgio propose tous les ans), mais aussi grâce aux témoignages qu'offre la communauté de Sant'Eustorgio quand elle est invitée auprès d'autres communautés paroissiales en Italie et dans le monde.

Prière pour la nouvelle évangélisation

Ô, Jésus, unique pasteur de ton troupeau,
toi qui nous a tous appelés
à devenir pêcheurs d'hommes,
rends-nous dignes de la tâche que tu nous as confiée.

Ouvre-nous les horizons du monde entier,
rends-nous attentifs aux souffrances
de tous nos frères et sœurs qui te cherchent,
invoquant la lumière de la vérité
et la chaleur de l'amour.

Par ton Sang très précieux
versé pour nous et pour le salut de tous,
donne-nous de répondre à ton appel,
afin que nous puissions te confier, en ce millénaire,
le monde entier à nouveau évangélisé.

Nous te le demandons
par l'intercession de Marie,
ta mère et notre mère,
à qui nous confions cette prière.

Amen

3- Les sept buts de la cellule

Les sept buts de la cellule d'évangélisation

1. Grandir dans l'intimité du Seigneur
2. Grandir dans l'amour réciproque
3. Partager Jésus avec les autres
4. Exercer un service au sein du Corps mystique de l'Église
5. Donner et recevoir de l'aide
6. Former de nouveaux leaders
7. Approfondir notre identité de croyants

En plus des deux objectifs déjà examinés quand nous avons défini la nature de la cellule, c'est-à-dire la multiplication et la formation des disciples, la cellule grandit en visant à atteindre ces sept autres buts.

1. Grandir dans l'intimité du Seigneur

Car c'est moi le Seigneur votre Dieu ; vous vous sanctifierez donc pour être saints, car je suis saint ; vous ne vous rendrez pas vous-mêmes impurs avec toutes ces bestioles qui remuent sur la terre ferme. (Lv 11, 44)

Ainsi, vous n'êtes plus des étrangers, ni des émigrés ; vous êtes concitoyens des saints, vous êtes de la famille de Dieu. [...] C'est en lui (Jésus) que toute construction s'ajuste et s'élève pour former un temple saint dans le Seigneur. C'est en lui que, vous aussi, vous êtes ensemble intégrés à la construction pour devenir une demeure de Dieu par l'Esprit. (Ép 2, 19.21-22)

Celui qui s'unit au Seigneur est avec lui un seul esprit. (1 Co 6, 17)

Tendre vers la sainteté suppose une conversion de plus en plus profonde et une expérience toujours plus vive de l'Esprit Saint dans notre vie.

« Il ne faut pas se méprendre sur cet idéal de perfection comme s'il supposait une sorte de vie extraordinaire que seuls quelques "génies" de la sainteté pourraient pratiquer. Les voies de la sainteté sont multiples et adaptées à la vocation de chacun. Je remercie le Seigneur, qui m'a permis de béatifier et de canoniser, ces dernières années, de nombreux chrétiens, et parmi eux beaucoup de laïcs qui se sont sanctifiés dans les conditions les plus ordinaires de la vie. Il est temps de proposer de nouveau à tous, avec conviction, ce "haut degré" de la vie chrétienne ordinaire. » *(Jean-Paul II, NMI §-31)*

Donc, grandir dans l'intimité du Seigneur signifie :

- consacrer du temps à la prière,
- lire et méditer la Parole de Dieu,
- créer un lien entre la prière et la vie, entre la Parole et la vie,
- vivre intimement avec l'Esprit Saint, uni à lui et dépendant de lui,
- apprendre à vivre l'enseignement moral de Jésus, exprimé à travers le Magistère de l'Église.

Le fait de grandir dans l'intimité du Seigneur est favorisé, dans la cellule, par la prière qui imprègne tout le déroulement de la rencontre, par l'écoute de la Parole de Dieu, les enseignements du pasteur et le partage avec les frères.

Des propositions :

- s'engager personnellement et sérieusement dans un cheminement spirituel,
- chercher la volonté de Dieu avec l'aide d'un accompagnateur spirituel,
- accueillir avec foi les moments joyeux ou plus difficiles de ce cheminement,
- vivre, au sein de la communauté, la croissance dans la sainteté, aussi bien personnellement qu'avec les frères de la cellule,
- savoir clairement que « devenir saint » est l'objectif final.

2. Grandir dans l'amour réciproque

Je vous donne un commandement nouveau : aimez-vous les uns les autres. Comme je vous ai aimés, aimez-vous les uns les autres. (Jn 13, 34)

Et par-dessus tout, revêtez l'amour : c'est le lien parfait. (Col 3, 14)

La multitude de ceux qui étaient devenus croyants n'avait qu'un coeur et qu'une âme et nul ne considérait comme sa propriété l'un quelconque de ses biens ; au contraire, ils mettaient tout en commun. (Ac 4,32)

Un deuxième but est de grandir dans l'amour réciproque, parce que l'amour fraternel est l'expression de l'amour de Dieu et de sa présence au milieu de nous.

Des suggestions :

- S'écouter les uns les autres, et toujours avec beaucoup de respect.
- Se soucier des autres malgré ses propres difficultés.
- Connaître les noms de tous les membres de la cellule.
- Être attentif aux sentiments des autres.
- Aimer toujours, aimer tout le monde, aimer en premier.
- Reconnaître et souligner les côtés positifs du pasteur, du leader et des autres frères.
- S'obliger à avoir une discrétion absolue par rapport à ce qui arrive et à ce qui se dit dans la cellule, en refusant tout commérage.

3. Partager Jésus avec les autres

Mais Pierre et Jean leur répliquèrent : « Qu'est-ce qui est juste aux yeux de Dieu : vous écouter ? ou l'écouter, lui ? À vous d'en décider ! Nous ne pouvons certes pas, quant à nous, taire ce que nous avons vu et entendu ». (Ac 4, 19-20)

Que votre lumière brille aux yeux des hommes, pour qu'en voyant vos bonnes actions, ils rendent gloire à votre Père qui est aux cieux. (Mt 5, 16)

Le partage des frères auquel nous avons pris part au cours de la deuxième étape de la réunion de cellule, nous a permis de saisir les différentes façons de transmettre sa propre rencontre avec le Christ. Apprendre à « partager Jésus » est hautement éducatif, parce que cela nous aide à le garder vivant dans notre coeur et à renforcer notre foi en lui.

Jean Paul II dit : « la foi s'affermit lorsqu'on la donne ! » (RM §-2).

« Partager Jésus » nous engage dans ce que nous disons et nous aide à être cohérents avec notre témoignage. Reconnaître la présence de Jésus dans la vie des croyants, à l'intérieur de la cellule, devient un moment fort d'édification réciproque et de formation chrétienne.

Des suggestions :

- Rejoindre ses voisins par son témoignage de vie.
- Exprimer la joie d'être aimé de Jésus par son style de vie.
- Rejoindre surtout les « non-croyants ».
- Éviter d'impliquer ceux qui vivent déjà une forte expérience de foi. Il ne s'agit pas ici d'exclure, mais de s'engager à évangéliser auprès de ceux qui sont éloignés de la foi. Cela est plus exigeant car le mouvement d'évangélisation consiste à « aller vers », à « sortir des sentiers battus ».

4. Exercer un service au sein du Corps mystique de l'Église

Vous êtes le corps du Christ et vous êtes ses membres, chacun pour sa part. (1 Co 12, 27)

L'Église est un organisme vivant et non une organisation ! Le but de l'évangélisation n'est pas seulement de conduire jusqu'à Jésus, mais d'aider aussi à rester en communion avec Lui. Cela se produit à travers un engagement stable et responsable à l'intérieur de l'Église. Saint Paul nous enseigne qu'il faut apprendre à servir les frères dans la communauté en utilisant les dons et les charismes que l'Esprit Saint distribue à chacun pour l'édification du Corps du Christ :

À chacun est donnée la manifestation de l'Esprit en vue du bien de tous. (1 Co 12, 7)

Il est impressionnant de relire ce que dit, à ce propos, le Concile Vatican II concernant la participation de tous et de chacun à l'accroissement du Corps du Christ, c'est-à-dire de l'Église :

« Dans l'organisme d'un corps vivant, aucun membre ne se comporte de manière purement passive, mais participe à la vie et à l'activité générale du corps, ainsi dans le Corps du Christ qui est l'Église, "tout le corps opère sa croissance selon le rôle de chaque partie" (cf. Ép 4, 16). Bien plus, les membres de ce corps sont tellement unis et solidaires (cf. Ép 4, 16) qu'un membre qui ne travaille pas selon ses possibilités à la croissance du corps doit être réputé inutile à l'Église et à lui-même. » (AA §-2)

Ce texte, fort incisif, met en évidence que, selon l'Évangile, celui qui se sauve n'est pas celui qui ne fait rien de mal, mais plutôt celui qui s'engage de toutes ses forces pour le bien des autres (cf. Mt 25, 14-30).

La cellule est le laboratoire où l'on peut exercer et développer certains services, comme par exemple :

- accepter d'être leader ou co-leader ;
- accepter d'accueillir les frères qui arrivent à la cellule, en préparant le lieu de la rencontre ;
- servir par le chant, la prière d'intercession, en aidant au partage, etc.

Le premier service (c'est bien de le répéter) est celui de l'adoration eucharistique hebdomadaire. Une heure pour présenter au Seigneur son oïkos personnel, sa cellule, la communauté paroissiale et son pasteur.

Des suggestions :

- Se considérer comme un sarment qui doit rester lié à la vigne pour en recevoir la sève, et non comme un arbre qui se suffit à lui-même : *« Je suis la vigne, vous êtes les sarments : celui qui demeure en moi et en qui je demeure, celui-là portera du fruit en abondance car, en dehors de moi, vous ne pouvez rien faire. » (Jn 15, 5)*
- Servir les frères est un exemple à suivre, et non un mérite ou un loisir : *« Si je vous ai lavé les pieds, moi le Seigneur et le Maître, vous devez vous aussi vous laver les pieds les uns aux autres. » (Jn 13, 14)*
- Servir les frères doit naître de la prière et du discernement communautaire.
- Se considérer comme membre du Corps Mystique du Christ : *« Car nous avons tous été baptisés dans un seul Esprit pour être un seul corps, Juifs ou Grecs, esclaves ou hommes libres, et nous avons tous été abreuvés d'un seul Esprit. » (1 Co 12, 13)*

5. Donner et recevoir de l'aide

Portez les fardeaux les uns des autres ; accomplissez ainsi la loi du Christ. (Ga 6, 2)

Réjouissez-vous avec ceux qui sont dans la joie, pleurez avec ceux qui pleurent. (Rm 12, 15)

Telle est la mise en acte concrète de l'amour réciproque : la vie fraternelle, la confiance en l'autre et l'aide mutuelle pour porter les fardeaux *(cf. 1 Co 12, 26-27)*.

Cette attention réciproque solidifie les liens communautaires de manière indissoluble. Il ne s'agit pas seulement d'apporter de l'aide, mais d'avoir aussi l'humilité et la simplicité d'en demander à l'autre en acceptant de recevoir de lui un soutien, même matériel si nécessaire.

Suggestions :

- Ne pas avoir peur d'exposer ses problèmes avec humilité.
- Accueillir, dans la charité, les souffrances et les besoins des frères.
- Apporter une aide qui peut être de type : matériel, physique, psychologique ou spirituel.

6. Former de nouveaux leaders

Ce que tu as appris de moi en présence de nombreux témoins, confie-le à des hommes fidèles, qui seront eux-mêmes capables de l'enseigner encore à d'autres. (2 Tm 2, 2)

Et les gens réfléchis resplendiront, comme la splendeur du firmament, eux qui ont rendu la multitude juste, comme les étoiles à tout jamais. (Dn 12, 3)

Comme tout organisme vivant, la cellule doit grandir et se multiplier, sinon elle risque de mourir. Le leader doit avoir pour objectif la croissance de sa cellule ; c'est pourquoi, de nouveaux leaders sont nécessaires. Le leader doit discerner et responsabiliser ceux qui lui semblent susceptibles d'assumer, à l'avenir, la charge de conduire une cellule. Il doit leur communiquer sa propre expérience, en les faisant participer à son désir d'évangélisation, et les inviter à fréquenter le « cours de formation des leaders » pour connaître à fond la méthode. Se rappeler le slogan :

« CROÎTRE OU MOURIR ! »

Suggestions :

- Le leader demande au Seigneur de lui donner une vision spirituelle et prophétique concernant la mission future des membres de sa cellule.
- Le leader cherche à aider les membres de sa cellule à développer les dons qu'ils ont reçus de Dieu et à grandir en tant que disciples de Jésus *(cf. « Les 12 principes de la formation de disciples », p. 160-163).*

7. Approfondir notre identité de croyants

Je veux qu'ainsi leurs coeurs soient encouragés et qu'étroitement unis dans l'amour, ils accèdent, en toute sa richesse, à la plénitude de l'intelligence, à la connaissance du mystère de Dieu : Christ en qui sont cachés tous les trésors de la sagesse et de la connaissance. (Col 2, 2-3)

L'Église universelle et institutionnelle doit être aimée et accueillie, par-delà ses limites humaines. Elle doit être accueillie dans la totalité de sa doctrine (cf. Le Catéchisme de l'Église catholique), sans qu'il soit fait abstraction d'aucune de ses parties, notamment de celles qui touchent, par exemple, à la justice sociale, à la sexualité et au respect de la vie de tout homme. Elle doit être accueillie à travers les personnes que le Seigneur a choisies comme pierres angulaires dans la succession apostolique : le pape et les évêques.

Elle doit être accueillie dans son appel à relever le défi de l'œcuménisme. En confessant l'Église une, sainte, catholique et apostolique, nous sommes invités, par la grâce de Dieu, à tendre vers l'unité en étant attentifs à tout ce que l'Esprit Saint suscite d'authentiquement chrétien dans les différentes confessions – protestantes et orthodoxes notamment –, que les déchirements de l'histoire ont engendrées. Elle doit être accueillie, aimée et regardée dans l'eucharistie, qui est la source et le sommet de son devenir et de son être. C'est seulement dans l'eucharistie que l'on mesure la valeur absolue et indispensable de l'évangélisation. Nous annonçons, en effet, ce que nous avons touché du Christ dans le mystère de son incarnation rédemptrice, à travers le don qu'il fait de lui-même dans son corps à chaque eucharistie.

Dans la cellule, la lecture de la Parole de Dieu et les enseignements du pasteur aident à mieux connaître les contenus de notre foi. En effet, une fois convertis, nous devons nous familiariser de plus en plus avec la doctrine de l'Église, être des chrétiens en contact direct avec les réalités d'aujourd'hui, approfondir et enraciner dans notre coeur et notre âme la connaissance de la foi chrétienne.

Suggestions :

- Après la rencontre de cellule, relire avec attention le texte de la Parole de Dieu développé dans l'enseignement.
- Chercher à se documenter sur les textes officiels (Magistère et Catéchisme de l'Église Catholique), sans s'attarder sur ce que disent les médias de la doctrine de l'Église et du pape.
- Aimer l'Église, née du Coeur transpercé du Christ et choisie comme sacrement universel de salut ; prier, en particulier, pour l'unité des chrétiens.
- Proposer avec joie les béatitudes évangéliques.

« Ainsi, l'eucharistie apparaît en même temps
comme la source et le sommet de toute l'évangélisation,
puisque son but est la communion
de tous les hommes avec le Christ
et en lui avec le Père et l'Esprit Saint. »

(EE §-22)

C- ÉTUDE DE LA BIBLE — 8

Vérifiez vos vertus humaines et chrétiennes

Lisez Col 3, 12-14. Essayez de vous évaluer, sur une échelle de 1 à 10.

Compassion :
Je participe profondément à la douleur et à la souffrance des personnes qui font partie de mon oïkos.

1 2 3 4 5 6 7 8 9 10

Gentillesse :
J'exprime des paroles et des gestes de réconfort lorsque ceux qui me sont proches sont tristes ou n'ont « pas le moral ».

1 2 3 4 5 6 7 8 9 10

Humilité :
J'aide les autres sans attirer l'attention sur moi.

1 2 3 4 5 6 7 8 9 10

Douceur :
Je traite la douleur et la souffrance de l'autre comme une mère qui soigne son propre enfant.

1 2 3 4 5 6 7 8 9 10

Patience :
Je sais transformer les erreurs des autres en opportunité pour comprendre et encourager.

1 2 3 4 5 6 7 8 9 10

Soutien :
Je sais repérer celui qui vit une journée négative et alléger son état.

1 2 3 4 5 6 7 8 9 10

Pardon :
Je suis capable de renouer des relations interrompues, sans devoir imposer ou défendre mon point de vue.

1 2 3 4 5 6 7 8 9 10

Amour :
Je suis capable de me sacrifier pour le bien et la croissance des autres, comme le Christ s'est donné pour moi.

1 2 3 4 5 6 7 8 9 10

Dans quelle vertu avez-vous obtenu le nombre de points le plus élevé ?

Dans quelle vertu avez-vous obtenu le nombre de points le plus bas ?

Que pourriez-vous faire pour améliorer la vertu qui a eu le nombre de points le plus bas ?

D- TRAVAIL DE LA 7e SEMAINE

______ J'ai lu dans *Evangelii nuntiandi les nos 74-82.*

______ J'ai acquis les principes essentiels de la cellule.

______ J'ai mémorisé les sept buts de la cellule.

______ J'ai terminé l'*Étude de la Bible* – 8.

À propos de la liste de mon oïkos : au cours de ces semaines, quelque chose a-t-il changé en moi ou dans mes relations avec les frères que j'ai choisis ?

L'idée la plus utile que j'aie trouvée dans *Evangelii nuntiandi* aux numéros 74 à 82 est :

HUITIÈME SESSION

Le processus d'évangélisation : **l'intégration dans la paroisse**

SOMMAIRE

A- LE PROCESSUS D'ÉVANGÉLISATION

La 8e étape du « Filet » : la paroisse

« Venez à ma suite et je vous ferai devenir pêcheurs d'hommes »
(Mc 1, 17, trad. litt.)

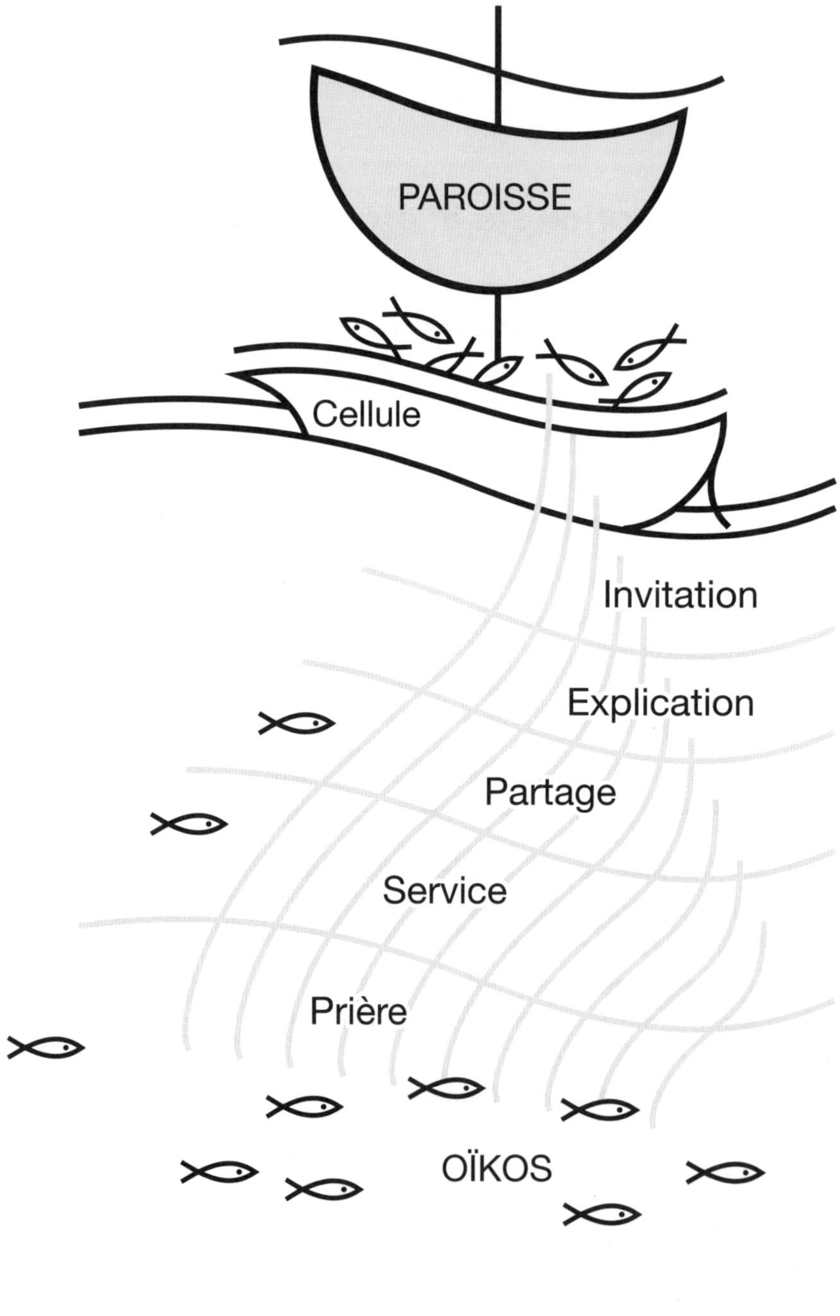

B- L'INTÉGRATION DES MEMBRES DE CELLULES AU SEIN DE LA PAROISSE

1- La cellule et le corps : l'importance des « articulations »

L'Église est le corps du Christ. L'apôtre Paul n'hésite pas à utiliser cette expression pour nous parler du mystère de l'Église dans son union au Christ. Cette utilisation du mot « corps » est plus qu'une image ou une métaphore. Il s'agit d'une réalité qui, bien sûr, dépasse de loin la dimension biologique et naturelle. Cependant, en parlant de « cellules d'évangélisation » intégrées à la communauté paroissiale, nous ne nous éloignons ni de la réalité ecclésiale ni de la métaphore biologique.

Tout comme la cellule biologique dans sa relation au corps, la cellule d'évangélisation grandira sainement et se multipliera dans la mesure où elle est parfaitement intégrée au corps ecclésial de la paroisse. Si saint Paul a su si bien parler de l'Église corps du Christ, il n'a pas non plus négligé d'en comprendre le dynamisme de croissance. Si nous évoquons le passage le plus profond et complexe, *Ép 4, 11-16*, pour parler de l'Église en croissance, nous pourrons mieux comprendre pourquoi il est important, pour la cellule, d'être unie au corps ecclésial :

> *Et c'est de lui [le Christ] que le corps tout entier, coordonné et bien uni grâce à toutes les articulations qui le desservent, selon une activité répartie à la mesure de chacun, réalise sa propre croissance pour se construire lui-même dans l'amour. (Ép 4, 16)*

La croissance du corps ecclésial et le développement des cellules qui le composent ont donc besoin de liens et d'articulations. Dans le système des cellules paroissiales d'évangélisation, et en cohérence avec ces fondements bibliques de l'Église en croissance, il apparaît essentiel de maintenir des liens et des articulations réels entre chaque cellule et le corps ecclésial représenté, en l'occurrence, par la paroisse. Chaque membre de cellule est en relation avec le corps ecclésial ou la paroisse par le service qu'il accomplit dans la cellule et dans la communauté. Le corps se construit et grandit dans la charité par la participation de tous les membres. Nous parlons alors de trois niveaux de relations ou d'articulations :

1- Les membres. Chacun tisse avec les autres membres des cellules et de la communauté des liens de service, d'écoute, de fraternité.

2- Le leader. Il permet d'articuler les relations entre les membres de la cellule et entre les leaders au sein d'un réseau organique de cellules (système).

3- Le pasteur. En tant que représentant du Christ-Tête vis-à-vis du Christ-Corps, il veille sur l'articulation du réseau des leaders (la structure) en communion avec l'ensemble de la paroisse, à travers deux responsabilités particulières : 1- maintenir la vision d'évangélisation, de croissance et de multipication à chaque niveau du système, 2- nourrir et former tous les membres et leaders afin qu'ils atteignent la pleine maturité de la vie chrétienne.

Dans cette session, il est donc question des « articulations » essentielles à la croissance et à la multiplication des cellules paroissiales.

2- La structure : facteur d'unité au service de la croissance

La croissance de l'Église, décrite dans les Actes des Apôtres, passe, de façon évidente, par sa structuration en ministères, sous des formes bien définies. Les diacres sont choisis, et, au fur et à mesure que l'Église grandit, on cherche la façon d'entretenir les liens, de visiter les nouvelles communautés, d'organiser l'évangélisation.

Dans cette organisation, l'Esprit, premier acteur de la croissance de l'Église, n'agit pas en dehors des structures, mais s'exprime, au contraire, à travers elles. Celui qui veut agir dans l'Esprit doit donc éviter l'improvisation et la superficialité. La structure ecclésiale, telle un corps qui ne peut tenir debout sans squelette, est indispensable dans un organisme si complexe, pour les motifs suivants :

- favoriser un travail organique et capillaire (c'est-à-dire qui touche à la totalité du corps et en atteint les extrémités),
- vérifier le travail accompli,
- corriger un dysfonctionnement,
- soutenir chaque frère en difficulté,
- motiver et stimuler positivement,
- rendre gloire à Dieu de chaque progrès de son oeuvre.

À travers elle, tous les croyants peuvent se reconnaître plus facilement comme n'ayant qu'un coeur et qu'une âme *(cf. Ac 4, 32)*. Ils peuvent percevoir la vitalité du Corps du Christ et faire fructifier les dons de Dieu. Chaque Système des *Cellules Paroissiales d'Évangélisation* a besoin d'une structure pour réaliser son propre objectif. Cette structure doit prévoir la croissance en l'anticipant, afin d'être prête à se développer dans l'avenir. Il est intéressant, à ce propos, de relire, dans le livre de l'Exode, l'épisode de Moïse sur l'institution des Anciens *(cf. Ex 18, 13-27)*.

a. La structure initiale

La structure initiale du Système des Cellules Paroissiales d'Évangélisation pourrait avoir cette configuration :

STRUCTURE INITIALE

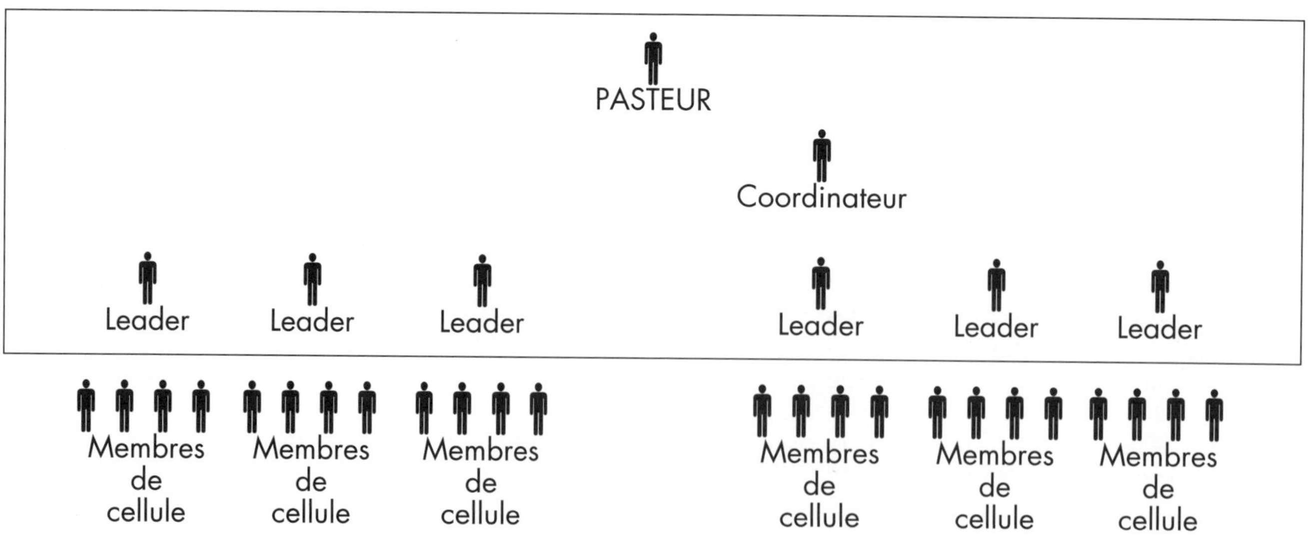

- Le membre de cellule est suivi par son leader.
- Chaque leader est suivi par le pasteur et le/la coordinateur/trice.
- Quand le nombre de cellules est très important, il convient de rajouter un niveau supplémentaire : la « division ». Un leader de division est responsable de 3 à 5 leaders de cellule. Chaque leader de division est suivi par le pasteur et le/la coordinateur/trice.

La communion entre les différents membres à l'intérieur d'une structure, comme nous le rappelle la Parole de Dieu :

Demeurez en moi comme je demeure en vous ! De même que le sarment, s'il ne demeure sur la vigne, ne peut de lui-même porter du fruit, ainsi vous non plus si vous ne demeurez en moi. Je suis la vigne, vous êtes les sarments : celui qui demeure en moi et en qui je demeure, celui-là portera du fruit en abondance car, en dehors de moi, vous ne pouvez rien faire. (Jn 15, 4-5)

Au nom de la grâce qui m'a été donnée, je dis à chacun d'entre vous : n'ayez pas de prétentions au-delà de ce qui est raisonnable, soyez assez raisonnables pour n'être pas prétentieux, chacun selon la mesure de foi que Dieu lui a donnée en partage. En effet, comme nous avons plusieurs membres en un seul corps et que ces membres n'ont pas tous la même fonction, ainsi, à plusieurs, nous sommes un seul corps en Christ, étant tous membres les uns des autres, chacun selon sa part. Et nous avons des dons qui diffèrent selon la grâce qui nous a été accordée. (Rm 12, 3-6)

b. La structure complète

La structure se développe au fur et à mesure de la croissance du nombre de cellules d'évangélisation, pour parvenir, avec le temps, à un schéma complet de ce type :

STRUCTURE COMPLÈTE

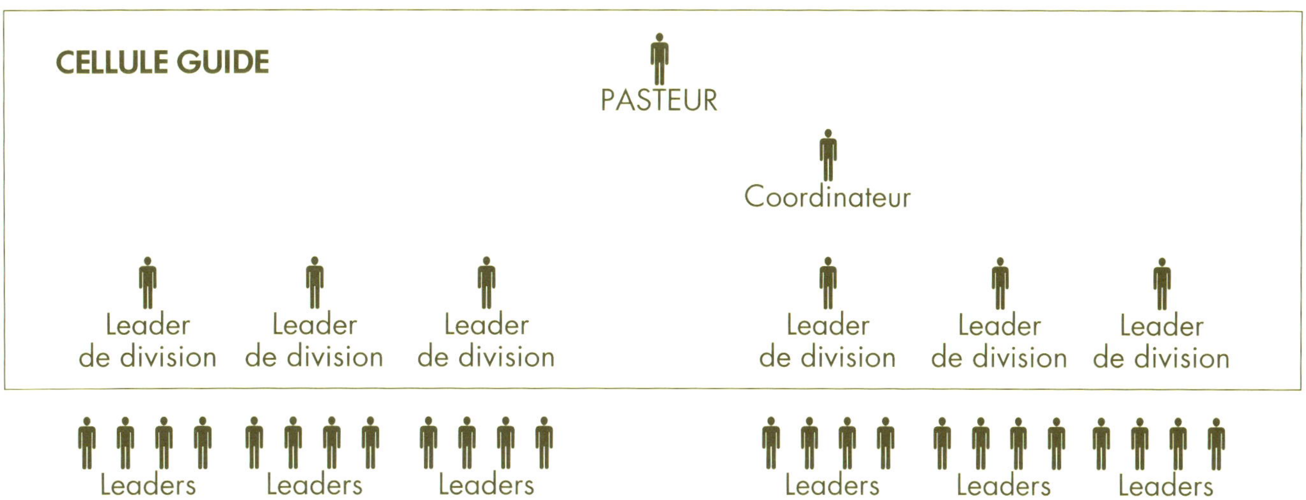

- Le membre de cellule est suivi par son leader.
- Chaque leader est suivi par son leader de division.
- Chaque leader de division est suivi par le pasteur et le/la coordinateur/trice.
- Quand le nombre de cellules est très important, il convient de rajouter un niveau supplémentaire : la « zone ». Un leader de zone est responsable de 3 à 5 leaders de division. Chaque leader de zone est suivi par le pasteur et le/la coordinateur/trice.
- La cellule-guide est composée principalement du pasteur, du coordinateur et des responsables de division (ou de zone lorsque le nombre de cellules est très important).

C- LE LEADER

1- Qui peut guider une cellule ? – Le leader

A. Qui est le leader ?

Le leader est un chrétien laïc, adulte dans la foi, qui a reçu du pasteur de la communauté la mission de prendre soin des frères qui sont déjà dans la cellule et de ceux qui y viendront.

« Les laïcs peuvent également être appelés, de diverses manières, à collaborer plus immédiatement à l'apostolat de la hiérarchie, à l'instar des hommes et des femmes qui aidaient l'apôtre Paul à évangéliser, et peinaient beaucoup dans le Seigneur. » (LG §-33)

De même que l'évêque s'entoure de prêtres et de diacres pour la mission pastorale de toutes les paroisses du diocèse, de même le curé fait appel à la coresponsabilité de laïcs solides pour mieux paître le peuple de Dieu qui lui a été confié : catéchistes, animateurs, leaders et nombreux autres collaborateurs, pour les multiples services d'animation de la communauté.

Le curé a reçu un mandat explicite de l'évêque et sert la communauté en communion avec lui et en obéissance à ses indications. Le leader d'une cellule a reçu un mandat du curé et sert ses frères dans la cellule en communion avec lui et dans l'obéissance. Le leader de la cellule d'évangélisation est, après le pasteur de la communauté, la personne-clé de cette méthode. Il a répondu à un appel personnel du Seigneur, il a reçu du curé la mission de guider une cellule, en mettant à disposition chaque don reçu, en partageant les buts et les rêves du pasteur de la communauté.

B. Il est la personne-clé

Tous les leaders sont différents les uns des autres, mais chacun reçoit la capacité de refléter, sur la cellule, ses qualités personnelles de fidélité, de disponibilité, de charité et de prière, si bien que : la cellule est l'image de son leader.

C. Il a répondu à un appel de la part du Seigneur

La vie de tout croyant est une suite d'appels de la part du Seigneur. Le leader d'une cellule devra entendre également cet appel dans son coeur, et y répondre à travers l'écoute de l'Esprit Saint, l'obéissance à la Parole et la prière.

D. Il a reçu du curé la mission de guider une cellule

C'est aussi la réponse à la confiance que le pasteur de la communauté lui a faite, en lui donnant la mission de devenir « responsable de sa cellule ».

E. Il met à la disposition des frères chaque don reçu

L'Esprit Saint suscite les charismes nécessaires et le leader les met au service de ses frères de cette manière :

- il aime la prière, prie constamment pour ceux qui lui ont été confiés ;
- il frappe continuellement au coeur de Dieu, en lui présentant les membres de sa cellule ;
- il contacte les absents ;
- il console ceux qui perdent confiance ;
- il encourage ceux qui se sont engagés dans l'évangélisation ;
- il fait preuve de bon sens, de sens pratique, d'un vrai sens de l'humour qui permet de dédramatiser et de voir le côté positif des situations et des personnes ;
- il confie tout au Seigneur ;
- il écoute toujours avec amour et sans juger.

Savoir écouter est une qualité à perfectionner de plus en plus. L'écoute est l'un des dons les plus précieux que nous puissions faire à nos frères. Il faut donc écouter avec attention, regarder attentivement la personne qui parle, afin qu'elle se rende compte que ce qu'elle nous dit est très important pour nous.

On raconte que, lorsqu'il parlait avec des personnes, le président des États-Unis, John Fitzgerald Kennedy, donnait l'impression de ne rien avoir d'autre à faire que d'écouter ses interlocuteurs avec une concentration extraordinaire.

F. Il partage les buts et les rêves du pasteur

Avoir les mêmes objectifs est une attitude fondamentale pour la croissance et le développement du projet. Si nous voulons réaliser la « grande mission », il est important d'avoir :

- un seul *but* à atteindre : « le monde entier » ;
- un *rêve*, une vision sur la manière d'atteindre ce but ;
- la *foi* que cela arrivera.

Le pasteur Yonggi Cho raconte qu'au début de son ministère, tout en ayant une vie de prière et une bonne relation avec l'Esprit Saint, il n'avait pas encore compris combien il était important pour le Seigneur qu'il ait :

- un *but*
- un *rêve*
- la *foi* dans sa réalisation.

Jésus savait, et tous avec lui, que l'aveugle Bartimée voulait être guéri de sa cécité, mais il lui pose une question précise :

- *« Que veux-tu que je fasse pour toi ? »*
- *« Rabbouni, que je retrouve la vue ! »*
- *« Va, ta foi t'a sauvé » (cf. Mc 10, 51-52).*

Mais, au-delà du but : *« Allez par le monde entier et proclamez l'Évangile à toutes les créatures »*, il est important de demander au Seigneur la « lumière » sur la manière de réaliser « aujourd'hui » cette mission. Rêves, visions, intuitions, illuminations, prophéties sont le langage de l'Esprit Saint. Dans la bible, chaque fois que Dieu voulait faire quelque chose pour quelqu'un, il lui mettait auparavant dans le coeur des visions et des songes :

Après cela, je répandrai mon Esprit sur toute chair. Vos fils et vos filles prophétiseront, vos vieillards auront des songes, vos jeunes gens auront des visions. Même sur les serviteurs et les servantes, en ce temps-là je répandrai mon Esprit. (Jl 3, 1-2)

Au début de ce chapitre du prophète Joël, Dieu annonce, pour la venue du jour du Seigneur *(cf. Jl 3, 3-4)* l'effusion générale de l'Esprit Saint. Dans le livre du prophète Ézéchiel aussi :

Je mettrai en vous mon propre Esprit, je vous ferai marcher selon mes lois, garder et pratiquer mes coutumes. Vous habiterez le pays que j'ai donné à vos pères ; vous serez mon peuple et je serai votre Dieu. (Éz 36, 27-28)

On dit que les temps à venir seront caractérisés par une effusion extraordinaire et universelle de l'Esprit Saint, qui atteindra tous les hommes pour leur communiquer des charismes spéciaux. Mais, plus mystérieusement, l'Esprit sera le principe d'une renaissance intérieure qui permettra à chacun d'avoir les mêmes visions que Dieu et de les proposer à tous ses frères. Pierre, dans son discours du jour de Pentecôte *(cf. Ac 2, 17-21)* voit, dans le miracle de la Pentecôte, les prémices de ce don de l'Esprit Saint pour toute l'Église. On comprend alors l'importance de ce que nous lisons dans le livre des Proverbes :

Quand il n'y a plus de vision, le peuple est sans frein.
(Pr 29, 18)

Ainsi, apparaît la nécessité d'une telle vision pour la vie du peuple. Il est bon de souligner l'importance, pour le leader, d'avoir de grands rêves et de larges visions. Sinon, on court le risque d'enfermer l'Esprit Saint, riche de grandes visions et de grands rêves, dans nos étroitesses de vues, l'empêchant ainsi d'agir avec libéralité.

Nous devons, nous aussi, nous laisser illuminer par l'effusion de l'Esprit Saint, pour pouvoir atteindre le coeur de beaucoup de frères et faire nôtres les projets de Dieu pour notre cellule.

2- Quelles sont les responsabilités du leader à l'égard de la cellule ?

1. Il est le premier évangélisateur et, en même temps, un formateur d'évangélisateurs. Si un leader de cellule réalise son service d'évangélisation avec passion, toute la cellule sera passionnément évangélisatrice.

2. Il accompagne la croissance de ses membres selon les 7 objectifs de la cellule en valorisant les dons et charismes de chacun.

3. Il veille à la croissance harmonieuse de l'ensemble de la cellule.

4. Il est formateur de nouveaux leaders, parce qu'il aspire à la multiplication.

5. Il reconnaît les charismes présents dans ses frères, leur confie des services à l'intérieur de la cellule, et discerne les co-leaders.

6. Il est un point de repère, un exemple et un modèle pour les membres de sa cellule.

7. Il participe à la vie de la paroisse.

8. Il a un esprit d'équipe.

9. Il adhère à la vision des cellules et coopère avec les membres de la structure auxquels il est subordonné.

Le décalogue du leader

1. Prie le Père pour que, par l'intermédiaire de Jésus, il te remplisse d'Esprit Saint.

2. Sois un témoin authentique de l'Évangile : les gens croient aux paroles quand elles sont confirmées par les actes.

3. Prie chaque jour pour chacun des membres de ta cellule.

4. Fais signe durant la semaine : un coup de téléphone ou une rencontre font toujours du bien !

5. Fais-toi serviteur de tes frères et éduque-les à servir les autres.

6. Prépare la rencontre de cellule dans la prière.

7. Écoute deux ou trois fois la version audio de l'enseignement pour en connaître le contenu et savoir répondre aux questions. Écoute-la une fois avec ton co-leader.

8. Crée un climat d'accueil, d'amitié et de joie durant la rencontre de cellule.

9. Aide chacun à intervenir sans prendre l'attitude du maître.

10. Répands, en chacun des cœurs, l'ardeur de l'évangélisation.

3- Comment se forme un leader de cellule ?

- En vivant, comme membre de cellule, les rencontres avec fidélité, et en exprimant ses propres dons et charismes.

- En fréquentant, sur proposition de son leader, le parcours du *« Manuel de base. Formation des leaders »*. Il le lira assidûment, l'étudiera, le méditera et l'approfondira.

- En exerçant, pendant un certain temps, le rôle de co-leader.

- En acceptant, dans l'obéissance, l'appel du Seigneur et celui de son curé à devenir guide d'une cellule.

- En guidant, avant tout, dans une attitude de service et d'amour, la cellule elle-même qui est le lieu de formation le plus important et le plus significatif.

4- Qui est le co-leader ?

Le co-leader est le frère ou la soeur choisi(e) conjointement par le leader de cellule et le leader de division, avec l'approbation du curé.

Il (elle) devra, avant tout, suivre le parcours de formation des leaders avec le « *Manuel de base* ».

Ses tâches seront les suivantes :

- S'exercer à animer les rencontres de cellule à la demande du leader.
- Se préparer à guider une nouvelle cellule en vue de la multiplication de celle à laquelle il appartient.
- Remplacer éventuellement le leader absent.
- Remplir, selon les indications de son leader, de nouvelles missions, de plus en plus importantes, à l'intérieur de la cellule (accompagner le cheminement de quelques jeunes membres de la cellule, par exemple).

5- La « recette » de la cellule évangélisatrice

Quels sont les ingrédients du « succès » d'une cellule évangélisatrice ?

Voici une « recette » pour une efficacité presque assurée.

Commencez avec quelques personnes qui ont le désir du Seigneur.

Ajoutez quelques autres chrétiens ardents, plus d'autres personnes qui veulent rencontrer Jésus ou mieux le connaître.

Amalgamez le tout avec un partage équilibré et intéressant de votre expérience de foi.

Ajoutez une bonne dose de prière et une autre d'engagement personnel, à travers le service humble, gratuit et désintéressé.

Agitez avec une cuillerée de bon sens.

Faites tomber une pincée d'humour.

Écrémez tout le jargon professionnel ou religieux et l'excès d'émotivité.

Assaisonnez avec un accueil généreux, de l'intérêt pour les personnes et de l'amour.

Rejetez l'excès de timidité et toute supériorité.

Laissez l'Esprit Saint embraser les cœurs pour louer le Seigneur Jésus Christ.

N.B. : Utilisez cette recette et vos CELLULES ne seront jamais « trop cuites, insipides, acides ou plates » !

D- LA VIE DE LA STRUCTURE

1- Comment s'articulent les différents niveaux de la structure ?

Les cellules présentes dans les paroisses se rencontrent chaque semaine dans des maisons privées, au jour et à l'heure fixés à l'avance. Exceptionnellement, elles peuvent se rencontrer dans des cabinets professionnels, magasins et bureaux. Le choix d'un lieu privé pour la rencontre de cellule est dicté par le respect de ceux qui fréquentent depuis peu la cellule et peuvent éprouver une certaine réticence vis-à-vis des lieux religieux (couvent, église) ou paroissiaux (aumôneries, salles de réunion de la paroisse).

La cellule, qui comprend de 6 à 12 membres, est guidée par un leader.

Chaque cellule fait partie d'une division composée de 3 à 5 cellules, guidée par un leader de division.

Chaque division peut faire partie d'une zone composée de 2 à 5 divisions, guidée par un leader de zone.

Enfin, la cellule-guide est dirigée par le curé. Elle rassemble le/la coordinateur/trice, les leaders de division (voire de zone) et éventuellement les autres prêtres de la paroisse.

2- Quel est le devoir de « redevabilité » du leader de cellule à l'égard de la structure ?

Le néologisme « redevabilité » vient du mot anglais « accountability » qui signifie : « le fait de rendre compte, de justifier, d'expliquer une action, un événement, une décision », et même : « l'engagement d'une personne à rendre compte auprès d'une autre personne, d'une autorité ou d'une institution ». Globalement, la « redevabilité » est une caractéristique de toute personne responsable et de tout leader. Elle est formellement présente dans le Système des CPÉ à travers la structure de leadership mise en place pour la croissance des membres et le développement des cellules d'évangélisation.

A) L'esprit :

Le leader, qui anime chaque semaine la rencontre de cellule, s'engage, dans cet esprit de « redevabilité », à rendre compte à la structure de ce qui se vit au sein de la cellule. Le leader encourage ses membres dans l'approfondissement de leur relation à Dieu et dans l'évangélisation. Comme nous l'avons vu précédemment, il veille à leur croissance selon les 7 objectifs des CPÉ. Il favorise l'intégration des nouveaux venus dans la cellule. Le leader est le maillon de base de la structure qui permet au curé d'être toujours en relation avec les membres des cellules.

Parmi les différentes caractéristiques du leader, deux d'entre elles, bien que profondément associées à celle de la redevabilité, sont à retenir plus particulièrement :

- avoir un esprit d'équipe,
- obéir à chaque niveau de la structure.

Avoir un bon esprit d'équipe signifie être disponible pour travailler avec d'autres à mettre en pratique les indications que le pasteur communique à chaque cellule à travers la structure. À son tour, le pasteur évaluera et accueillera celles qui lui parviennent de la structure.

B) Concrètement

Afin de rendre compte de l'évolution de sa cellule, le leader s'aide d'un document nommé « Compte rendu de la rencontre de cellule » (cf. Annexe 1, p.172-173). Ainsi, à la fin de chaque rencontre hebdomadaire, le leader de cellule note, sur ce document, les aspects principaux de la rencontre, notamment ce qui concerne les moments et les buts de la cellule.

- Pourquoi le compte rendu de la rencontre de cellule est-il nécessaire ?

1. Parce qu'en écrivant, le leader mémorise avec plus de précision les événements de chaque rencontre.

2. Parce qu'il est l'aide-mémoire du leader pour l'évaluation des progrès à proposer à sa cellule en vue de sa croissance dans la foi, la charité et l'évangélisation.

3. Parce qu'il permet la transmission au curé, via le leader de division (qui en reçoit une copie), du cheminement de cette cellule.

Les CPÉ proposent un chemin de croissance dans la foi, dans la prise de conscience et la mise en œuvre de cette mission reçue de Jésus lui-même : « faites des disciples ». Le leader de cellule reçoit mission de son curé d'accompagner les membres de cellule qui lui sont confiés sur ce chemin. En effet, le leader n'a pas uniquement pour rôle d'être l'animateur zélé des rencontres de cellule. Il est le berger, l'accompagnateur attentif de l'ensemble de sa cellule et de chaque membre en particulier sur le chemin de croissance proposé par les CPÉ et tracé par les 7 objectifs.

Ainsi, le leader développera-t-il, à son niveau, une vision pour sa cellule, en cohérence avec la vision générale du système des cellules paroissiales d'évangélisation et avec la vision pastorale de son curé (l'image des poupées russes qui s'emboîtent rend bien compte de ces 3 niveaux de vision qui s'ordonnent les uns aux autres). Il s'agit d'entrer dans une dynamique, une prospective, une marche en avant qui va sous-tendre la croissance. Pour cela, le leader devra faire preuve d'une grande attention vis-à-vis de ses membres et aura besoin du discernement que donne le Saint-Esprit à ceux qui le prient.

- Quelles sont les aides dont dispose le leader?

  - Les 7 objectifs comme guide sûr du juste chemin à parcourir.
  - Les différents acteurs de la structure envers lesquels il est redevable : cellule-guide, leader de division ou de zone (selon le nombre de cellules dans la paroisse).
  - Les « outils » mis à sa disposition pour rendre compte du cheminement de sa cellule selon les objectifs définis : « Compte rendu de rencontre de cellule » (cf. Annexe 1) ou tout autre document.

Actuellement, Cellules-France travaille, en lien avec l'Organisme international de service des cellules paroissiales d'évangélisation, à l'élaboration de moyens permettant la mise en commun du suivi de la cellule en vue de l'accompagnement des membres vers leur pleine maturité de disciples du Christ.

Cela appelle, de la part des leaders de cellule, la pratique d'une juste et nécessaire redevabilité vis-à-vis du pasteur ou de ses délégués, qui puise son inspiration dans les Évangiles. Jésus lui-même a, en effet, utilisé cette pédagogie lors de la formation missionnaire de ses apôtres. Cela signifie que l'élaboration des documents « bilan » exige la prise en compte de nombreux paramètres contribuant au respect des personnes concernées. Leur utilisation passe par une formation sérieuse des leaders s'appuyant sur des principes bibliques et théologiques avérés.

La formation des leaders, priorité de l'Association Cellules-France, se déploie selon un processus de formation continue soutenue par l'édition de guides d'accompagnement. À ce jour, sont disponibles les ouvrages suivants : « La formation du co-leader » et « Les 8 défis du leader » (aux Éditions Néhémie). Le thème de la redevabilité constitue, comme maillon essentiel de la mission du leader, un axe à venir de sa formation continue. Cette dernière lui offrira des conseils utiles sur la manière de mettre en œuvre la redevabilité.

3- Quels sont les devoirs du leader de division ?

a. La visite aux cellules

En visitant chaque cellule à tour de rôle, le leader de division rend concret et vivant aux yeux des membres, le lien de communion qui existe entre les différentes cellules.

En outre, le leader de division entretient un contact personnel avec les leaders de cellule, par téléphone, de vive voix et par courriel. Il visite systématiquement les cellules qui lui sont confiées, non pour les inspecter, mais pour entretenir le lien de communion entre les différentes cellules et veiller au maintien de l'unité et de la vision générale des CPÉ.

Il est aussi le relais du pasteur pour la mise en œuvre de sa vision pastorale sur le développement des cellules. Vis-à-vis des leaders de cellule, le leader de division s'applique à :

- résoudre avec eux certains problèmes ;
- les motiver, en mettant en relief les capacités et les dons spirituels et humains ;
- les encourager, en favorisant la participation des membres de la cellule au cours des différentes phases de la rencontre ;
- prier surtout pour eux et pour les membres de la cellule ;
- accompagner avec eux la croissance de chaque membre de l'ensemble de la cellule selon les 7 objectifs ;
- les aider dans le choix du co-leader.

b. La rencontre de division avec tous les leaders de cellule

Tous les quinze jours ou trois semaines, les leaders de cellule rencontrent leur propre leader de division.

Pourquoi cette rencontre est-elle nécessaire, puisqu'il y a une visite systématique des cellules ?

L'esprit : cette rencontre est nécessaire, afin que les leaders de cellule faisant partie de la même division soient informés de ce qui se vit à l'intérieur de leur division. Cela permet :

- une connaissance et un enrichissement réciproques ;
- une conscience accrue de la manière dont la petite communauté qu'est chaque cellule est en marche avec les autres cellules qui composent le Système.

Concrètement : Au cours de cette réunion, on prie, on partage les joies et les préoccupations rencontrées dans les cellules. En compilant ses comptes rendus, chaque leader de cellule présente oralement le bilan du cheminement de sa cellule sur une période donnée en faisant ressortir les avancées sur le chemin des 7 objectifs des cellules. C'est l'occasion de mettre en commun, entre leaders, les initiatives qui ont permis de faire évoluer certains blocages ou de résoudre des problèmes.

C'est aussi le moment de signaler les multiplications éventuelles et de les préparer. Il est bon que le co-leader participe à ces rencontres. Ce sera une bonne façon de l'accompagner plus avant vers son futur service de leader.

c. La rencontre de zone avec les leaders de division

Lorsque ce niveau existe, ce sont les leaders de division qui, à leur tour, présentent oralement à leur leader de zone le bilan des cellules qui leur sont confiées : leur croissance spirituelle et numérique, en signalant les suggestions et les interventions nécessaires.

4- Quels sont les devoirs du leader de zone ?

Le leader de zone maintient un contact fréquent avec les leaders de division qui coopèrent avec lui. Il les rencontre systématiquement (une fois par mois ou toutes les trois semaines) et les accompagne avec amour en se fixant les objectifs suivants :

- il conseille, soutient, valorise, encourage ses propres leaders de division et les aide, si nécessaire, à se corriger ;
- il répond aux questions irrésolues et donne des suggestions ;
- il prie pour tous et pour chacun ;
- il organise des retraites et des rencontres plénières pour sa propre zone ;
- il participe chaque semaine à la « cellule guide », en développant un lien avec le pasteur de la communauté paroissiale.

5- Comment se déroulent les rencontres de division, de zone et de cellule-guide ?

Chaque rencontre, par niveau de structure, prévoit :

- un temps de prière de louange avec invocation à l'Esprit Saint,
- le partage du cheminement des cellules,
- les suggestions et les réponses aux questions non-résolues des leaders,
- une prière pour soutenir le leader et demander qu'il ait une plus grande confiance – ce moment est aussi, pour lui, l'occasion de grandir dans son âme et dans son humanité.

6- Quels sont les devoirs de la « cellule-guide » ?

• **En pratique :** le leader de division et/ou de zone rencontre, chaque semaine, le curé et les autres collaborateurs lors de la réunion de la cellule-guide. Pendant cette rencontre, chaque leader de division et/ou de zone remplit les services suivants :

- il raconte les merveilles que le Seigneur accomplit dans sa propre division et/ou zone,
- il demande conseil au sujet des questions irrésolues,
- il accueille les suggestions qui lui sont données par le pasteur et il fait des propositions,
- il demande des interventions spécifiques pour certaines situations particulières,
- il propose aux membres de la cellule-guide des possibilités de multiplication pour les cellules de sa propre division et/ou zone.

• **Rôles spécifiques à la cellule-guide**

- discerner dans la prière, pour chaque division et/ou zone, la volonté du Seigneur en chaque situation, en chaque besoin particulier,
- étudier et proposer les lignes pastorales les plus adaptées, en lien avec les indications pastorales diocésaines,
- définir les thèmes des enseignements,
- planifier et organiser les différents programmes de formation (pour les membres, les co-leaders, les leaders),

- adapter le développement de la structure, afin de soutenir la croissance harmonieuse du système des cellules,
- organiser les retraites spirituelles et les rencontres de formation pour tous les niveaux de la structure.

• **L'esprit :** le curé peut ainsi connaître et évaluer tout ce qui se passe à l'intérieur du système et, en même temps, intervenir directement, corriger, guider, encourager, éduquer, soutenir chaque membre. De par sa responsabilité, il peut donc apporter à l'évêque la garantie que cette expérience est authentiquement ecclésiale. La soumission réciproque facilite chez les frères ce qui est décrit dans les Actes des Apôtres :

La communauté chrétienne de Jérusalem : *Ac 2, 42-47.*

Il en résulte une conversion authentique du pasteur, ainsi que des fidèles laïcs. Le pasteur sera prêt à adopter une mentalité de délégation et de partage de l'autorité en faveur de ses collaborateurs, qui deviendront ses adjoints. Les fidèles laïcs vont faire l'expérience d'un amour nouveau pour leur pasteur qui, à l'image du Christ, leur apprendra que

- la fidélité,
- l'obéissance,
- la prière,
- l'aide réciproque,

sont des éléments indispensables au développement missionnaire, harmonieux, constant et charismatique du système.

7- Regard global sur les engagements des responsables et des membres

Les engagements du leader de zone :

- Prier toujours avec les membres de sa zone.
- Rencontrer une fois par mois (ou toutes les trois semaines) les leaders de division qui lui sont confiés (rencontre de zone).
- Participer chaque semaine à la cellule-guide.
- Programmer les retraites et les rencontres plénières de sa zone.

Les engagements du leader de division :

- Prier toujours avec les membres de sa division.
- Rencontrer tous les quinze jours (ou toutes les trois semaines) les leaders de cellules qui lui sont confiés (rencontre de division).
- Rendre visite aux cellules qui lui sont confiées (c'est sa manière de vivre sa rencontre de cellule).
- Rencontrer mensuellement (ou toutes les trois semaines) son leader de zone.

Les engagements du leader de cellule :

- Prier toujours avec les membres de sa cellule.
- Conduire chaque semaine la rencontre de cellule.
- Rencontrer son leader de division (toutes les deux ou trois semaines).

Et les engagements des membres de cellule ?

- Participer chaque semaine à la rencontre de cellule.
- Participer aux rencontres plénières de zone et de division auxquelles ils appartiennent.

Leader de cellule, leader de division et leader de zone participent à des rencontres spécifiques (retraites spirituelles) durant lesquelles le pasteur les accueille et les nourrit spirituellement ; en retour, ils partagent les joies et les difficultés du parcours.

> « Je vois se lever l'aube d'une nouvelle ère missionnaire qui deviendra un jour radieux et riche de fruits si tous les chrétiens, et en particulier les missionnaires et les jeunes Églises, répondent avec générosité et sainteté aux appels et aux défis de notre temps. » *(RM §-92)*

SESSION 8

E- ÉTUDE DE LA BIBLE — 9

1. Lisez *1 Jn 3, 1*. Si vous êtes fils de Dieu et qu'il est le Père de tous, comment doit être votre relation avec les autres catholiques ?

2. Pourquoi pensez-vous que la fraternité est importante ?
   Lisez *Pr 27, 10*.

   Si *4, 9-10 28*.

3. Lisez *Hé 10, 24-25* et *Hé 3, 13*. Quel est le but de se rencontrer en tant que croyants ?

F- ÉTUDE DE LA BIBLE — 10

« Fraternité » est la traduction du mot grec « koïnonia », qui signifie « mettre en commun. » Analysez les versets indiqués ci-dessous : déterminez ce que vous pouvez partager avec les autres et les moyens pratiques pour le faire.

QUOI mettre en commun :

COMMENT le mettre en commun :

1 Jn 4, 11-21

Ga 6, 2

Ga 6, 6

Jc 5, 16

G- TRAVAIL DE LA 8e SEMAINE

______ J'ai complété l'Étude de la Bible – 9.

______ J'ai complété l'Étude de la Bible – 10.

______ J'ai lu *Ex 18, 13-27* et j'ai compris l'importance de la délégation pastorale et de la co-responsabilité dans le système des cellules paroissiales d'évangélisation.

NEUVIÈME SESSION

Former des disciples et des leaders qui croissent pour se multiplier

SOMMAIRE

A- LA FORMATION DE DISCIPLES

La cellule aide les frères à passer de simples baptisés à disciples de Jésus Christ, à travers une croissance personnelle et communautaire. C'est un cheminement qui requiert du temps et de la patience, mais qui transformera la vie du frère de la manière suivante :

- il acceptera Jésus comme Seigneur de sa vie,
- d'évangélisé, il deviendra un évangélisateur efficace,
- il aura un style de vie en cohérence avec l'annonce évangélique.

1- Qui est disciple de Jésus ?

Le disciple est un apprenti, quelqu'un qui veut apprendre. Est disciple celui qui suit l'enseignement de quelqu'un d'autre, faisant siennes les idées et les attitudes de son maître. Le disciple est quelqu'un qui veut se mettre à l'école de Jésus Christ et qui est disposé à se laisser éduquer.

Venez à moi, vous tous qui peinez sous le poids du fardeau, et moi je vous donnerai le repos. Prenez sur vous mon joug et mettez-vous à mon école, car je suis doux et humble de cœur, et vous trouverez le repos de vos âmes. Oui, mon joug est facile à porter et mon fardeau léger. (Mt 11, 28-30)

Le disciple est celui qui marche à la suite : il suit son maître. Pour ce faire, le disciple doit être disponible, sans crainte des sacrifices et persévérant dans le chemin.

Quiconque ne prend pas sa croix et vient à ma suite n'est pas digne de moi. (Mt 10, 38)

Jésus est le seul Maître, Il est chemin, vérité et vie (cf. Jn 14, 6).

Pour vous, ne vous faites pas appeler « Maître », car vous n'avez qu'un seul maître et vous êtes tous frères. N'appelez personne sur la terre votre « Père », car vous n'en avez qu'un seul, le Père céleste. Ne vous faites pas non plus appeler « Docteurs », car vous n'avez qu'un seul Docteur, le Christ. (Mt 23, 8-10)

Le disciple est *appelé* à habiter avec le maître et, en ce qui concerne Jésus, qui était un maître itinérant, *à demeurer toujours avec lui*, en n'importe quel lieu et en n'importe quelle situation, jusqu'au pied de la croix.

Être un disciple de Jésus Christ équivaut à être *en continuelle transformation*. Cela ne signifie donc pas « être arrivé » ou « être mature ». Le processus commence avec la conversion et se poursuit tout au long de notre vie. On parle aussi de conversion permanente (cf. l'Annexe : « Le processus de conversion », en particulier le texte du Directoire général sur la catéchèse, p. 186).

Être disciple ne consiste pas seulement à adhérer à des vérités intellectuelles, mais à partager profondément *une manière de penser et de vivre* : la foi, l'abandon à l'amour du Père, la compassion envers les pauvres, les malades et les pécheurs, la certitude du Royaume de Dieu, les béatitudes, la perspective de la croix et de la résurrection, la mission de salut pour tous les hommes, le don de l'Esprit Saint.

Le disciple est *soumis à l'autorité du Christ et de l'Église*.

Comme Jésus est soumis au Père, nous devons de même être soumis à Jésus Christ.

Jésus reprit la parole et leur dit : « En vérité, en vérité, je vous le dis, le Fils ne peut rien faire de lui-même, mais seulement ce qu'il voit faire au Père : car ce que fait le Père, le Fils le fait pareillement ». (Jn 5, 19)

Le disciple *recueille les confidences* de son Maître :

Je ne vous appelle plus serviteurs ... je vous appelle amis, parce que tout ce que j'ai entendu auprès de mon Père, je vous l'ai fait connaître. (Jn 15, 15)

Le *rapport de confiance et d'intimité* créé par Jésus avec ses disciples dépasse celui qui nous lie même aux parents les plus proches.

Quiconque fait la volonté de Dieu, voilà mon frère, ma sœur, ma mère. (Mc 3, 35)

Le disciple *est appelé à devenir « apôtre »*, qui signifie étymologiquement « envoyé ». Il ne peut pas dresser sa tente sur le mont Thabor : il doit descendre et s'impliquer dans le ministère ; son service n'est pas de travailler pour une récompense, mais de se donner par amour des frères et de celui qui l'a appelé. *(cf. Mt 17, 1-8)*

Le disciple de Jésus *cherche à être guidé par l'Esprit Saint* ; cette force dont les premiers disciples ont fait l'expérience et qui continue à fortifier celui qui la demande avec foi, pour rendre l'évangélisation plus efficace.

Mais vous allez recevoir une puissance, celle du Saint Esprit qui viendra sur vous ; vous serez alors mes témoins à Jérusalem, dans toute la Judée et la Samarie, et jusqu'aux extrémités de la terre. (Ac 1, 8)

2- Qu'est-ce qui peut détruire la relation entre le disciple et le Maître ?

La honte : c'est le manque de courage pour témoigner de sa foi dans son milieu de vie et auprès des personnes que l'on fréquente.

Si le Fils est venu, c'est précisément pour nous révéler, par sa parole et sa vie, les voies ordinaires du salut. Et il nous a ordonné de transmettre aux autres cette révélation avec l'autorité reçue de lui. Il est bon que chaque chrétien et chaque évangélisateur approfondisse dans la prière cette pensée de Paul VI :

> « Les hommes pourront se sauver aussi par d'autres chemins,
> grâce à la miséricorde de Dieu, même si nous ne leur annonçons pas l'Évangile ;
> mais nous, pouvons-nous nous sauver si par négligence, par peur, par honte –
> ce que saint Paul appelait « rougir de l'Évangile » *(cf. Rm 1, 16)* – ou par suite d'idées fausses
> nous omettons de l'annoncer ? »
> *(EN §-80)*

La peur : on est conditionné par l'opinion des autres (ce que dit la fiancée, le mari, l'épouse, etc.).

Cependant, parmi les dirigeants eux-mêmes, beaucoup avaient cru en lui ; mais, à cause des Pharisiens, ils n'osaient le confesser, de crainte d'être exclus de la synagogue : c'est qu'ils préféraient la gloire qui vient des hommes à la gloire qui vient de Dieu. (Jn 12, 42-43)

3- La philosophie du service

Jésus est venu et s'est sacrifié pour le monde entier. Le monde entier lui tenait à cœur. Jésus a vu le monde et l'a connu à travers ceux qui le suivaient. Au cours de sa vie, il s'est ému du trop grand nombre de nécessiteux face au nombre insuffisant de personnes prêtes à les secourir.

Parce qu'il voulait atteindre le monde entier, Jésus a choisi de réaliser son but en donnant son Esprit à un certain nombre de personnes. Durant les trois années de sa vie publique, il a enseigné à ses disciples à aimer, écouter, guérir et convertir les personnes qu'il rencontrait.

Voici le service « *ad personam* » : rencontrer les gens là où ils se trouvent et établir des relations avec eux. Où était Pierre, lorsque Jésus l'appela ? Il n'était pas à la synagogue, mais il était en train de pêcher. Et Matthieu ? Lui aussi, Jésus l'appela tandis qu'il effectuait son travail quotidien.

Il s'agit de rencontrer les gens là où ils se trouvent, de rester à leurs côtés, de les aider à cheminer plus près de Dieu. La majeure partie des paroisses aide ceux qui s'adressent à elles : le Nouveau Testament *nous enseigne à aller vers* les gens pour les aider.

L'objectif de ce service est celui d'impliquer les personnes de notre *oikos* et de les transformer en disciples, en répondant à ces interrogations :

- Se sentent-elles apaisées dans leur rapport avec le Christ et avec l'Église ?
- Vivent-elles des moments de prière silencieuse ?
- Connaissent-elles la Bible et lisent-elles des livres religieux ?
- Désirent-elles approfondir leur foi catholique ?

La clef de ce service est la disponibilité. Priez pour cela et pour que Dieu vous emploie au service de la vie spirituelle des frères de votre oikos. Ce qui compte le plus, c'est d'avoir un cœur dont Dieu puisse se servir.

En vérité, en vérité, je vous le dis,
celui qui croit en moi fera lui aussi les œuvres que je fais ;
il en fera même de plus grandes…

(Jn 14, 12)

4- Les douze principes de la formation du disciple

1. Trouver un modèle

Ne serait-ce pas merveilleux si Jésus pouvait faire de chacun de nous l'un de ses disciples personnels ? À travers le baptême, tous, nous sommes disciples de Jésus. Il nous a confié la responsabilité d'annoncer et de manifester ce qu'Il est et ce qu'Il fait. Saint Paul nous le rappelle lorsqu'il dit :

Soyez mes imitateurs, comme je le suis moi-même du Christ. (1 Co 11, 1)

Toutefois, nous avons besoin de quelqu'un qui nous guide, nous informe, nous assiste, nous conseille, nous corrige, exerce son ministère à notre égard, en nous aidant à accomplir des œuvres bonnes. Le Seigneur a confié cette tâche à des personnes. Nous avons besoin d'un *modèle* qui puisse nous révéler la lumière du Christ et son amour. Le leader d'une cellule doit tendre à devenir un *modèle* pour les membres de sa cellule.

2. S'engager à avoir d'étroites relations d'amitié

Les frères doivent savoir que nous les aimons. Construire une relation est un principe nécessaire. Les membres de la cellule, appelés à devenir disciples, ont besoin de quelqu'un qui passe du temps avec eux, soit disponible et attentif à leur croissance humaine et spirituelle.

3. La soumission

C'est une attitude réciproque. Ce n'est pas seulement le disciple qui doit se soumettre au maître. Celui que nous formons ne sera jamais convaincu de notre amitié et de notre amour si nous ne lui montrons pas dans les faits que nous nous soumettons à lui, à ses problèmes et à ses besoins. Paul le dit clairement : *« Considérez les autres comme supérieurs à vous » (Ph 2, 3).*

La soumission est humilité, elle s'exprime dans l'amour et dans le service. Lorsque l'on forme des disciples, il faut d'abord être des serviteurs : celui que nous éduquons doit voir en nous un serviteur.

Le monde qui, paradoxalement,
malgré d'innombrables signes de refus de Dieu,
le cherche cependant par des chemins inattendus
et en ressent douloureusement le besoin,
le monde réclame des évangélisateurs qui lui parlent
d'un Dieu qu'ils connaissent et fréquentent
comme s'ils voyaient l'invisible (cf. Hé 11, 27).

Le monde réclame et attend de nous
simplicité de vie, esprit de prière,
charité envers tous,
spécialement envers les petits et les pauvres,
obéissance et humilité,
détachement de nous-mêmes et renoncement.
(EN §-76)

Jésus, le *modèle*, nous enseigne admirablement ce principe. Nous pouvons méditer et mettre en pratique ce que nous lisons dans l'Évangile de Jean : « le lavement des pieds ».

Le lavement des pieds : Jn 13, 1-16.

4. Renoncer à soi-même

Le renoncement à soi-même est une attitude intérieure, un effort pour développer la volonté de servir. Cela signifie accepter le sacrifice, parce que, fondamentalement, un serviteur ne peut s'arroger des droits sur l'autre. Le renoncement à soi-même passe aussi par un détachement de tout ce qui n'est pas un modèle de vie chrétienne : par exemple, excès de boisson, jeux de hasard, commérages, médisance, etc.

5. Porter sa croix

Porter sa croix commence lorsque notre volonté n'est pas en accord avec celle du Christ. La prière, la confiance, l'abandon à Celui qui a porté la croix pour nous et nous aide à porter la nôtre, nous seront d'un grand secours.

6. Apprentissage

Nous ne nous situons pas, ici, sur le terrain de connaissances à acquérir. Faire des disciples ne veut pas dire uniquement inculquer aux gens des notions comme celles-ci : « Qui a écrit la Lettre aux Romains ? Où trouvons-nous les dons de l'Esprit ? Qui est Dieu ? Qu'est-ce que l'eucharistie ?... » Il ne s'agit pas seulement d'informer mais de « former » : former des vies, former des disciples. Bien des personnes savent beaucoup de choses, mais leur cœur est dur et rebelle. Notre enseignement n'a pas seulement pour but de permettre aux gens d'acquérir des connaissances, mais de leur apporter surtout des éclaircissements afin que se produise en eux un changement de vie. Quand ce n'est pas le cas, c'est que nous négligeons de mettre en pratique un aspect indispensable de la vocation du disciple.

Être est beaucoup plus important que dire ou faire. Ceux qui ont suivi Jésus sont devenus ses disciples parce qu'ils ont vu en Lui l'amour et la miséricorde du Père et ont été témoins de sa relation avec le Père, de son autorité dans l'enseignement, de son courage dans les épreuves et de sa force face à la mort.

Saint Paul nous désigne le but à atteindre :

Avec le Christ, je suis un crucifié ; je vis, mais ce n'est plus moi, c'est Christ qui vit en moi. Car ma vie présente dans la chair, je la vis dans la foi au Fils de Dieu qui m'a aimé et s'est livré pour moi. (Ga 2, 19-20)

7. Fidélité

Un disciple doit être fidèle en toute chose. Il doit être fidèle dans les choix fondamentaux, comme l'activité d'évangélisation et ce qui en découle. La fidélité dans les petites choses les plus courantes de la vie attire plus facilement l'attention et devient un témoignage pour les autres.

8. Obéissance à l'autorité

L'autorité recouvre une double dimension : celle que le pasteur exerce et celle qu'il délègue au leader. Le disciple doit recevoir une éducation dans ce sens. Le leader d'une cellule exerce l'autorité déléguée par le pasteur pour former des disciples. Si les disciples voient chez le leader son obéissance au pasteur, ils deviendront, à leur tour, obéissants aux indications et aux sollicitations de leur leader.

9. Le travail effectué est soumis au conseil d'un guide

Le disciple est appelé à travailler en se soumettant à l'avis d'un guide, qui peut être le leader de cellule, de division ou de zone. Cet apprentissage est fondamental. Il faut être capable de travailler avec d'autres personnes pour apprendre.

10. Accomplissement des tâches assignées

Le disciple s'en tient à ce que son maître lui demande. Bien souvent, nous serions tentés d'en faire à notre tête, mais cette « obéissance » nous éduque et nous tempère.

Père, si tu veux écarter de moi cette coupe… Pourtant, que ce ne soit pas ma volonté mais la tienne qui se réalise ! (Lc 22, 42)

11. Reconnaissance de la part de la structure

Au sein de la structure, le disciple sert, suit les instructions, étudie, fréquente le *cours de formation* et grandit dans la foi. Il pourra être appelé, par la suite, à assumer une responsabilité en fonction de ses charismes.

12. Investiture pour accomplir son propre service

Le disciple qui répond à cet appel sera reconnu capable de former à son tour d'autres disciples. Il deviendra un *modèle* pour les autres.

> *« La pastorale de la ville doit permettre*
> *au plus grand nombre possible de baptisés*
> *d'être des guides expérimentés et pleins d'amour*
> *au cœur de ces situations de solitude difficiles*
> *qui surgissent tous les jours dans la ville. »*
>
> *Cardinal Carlo Maria Martini*

5- ÉTUDE DE LA BIBLE - 11

La formation du disciple

Lisez les versets suivants. En face de chaque verset, écrivez une ligne de résumé :

Mt 11, 25-30

Mt 10, 38-39

Lc 14, 27

D'après ce que vous avez lu, écrivez en une phrase la caractéristique d'un disciple du Christ.

B- TOUS APPELÉS À SERVIR DANS L'ÉGLISE

Chaque membre de la cellule est en relation avec le corps ecclésial ou la paroisse par le service qu'il accomplit dans la cellule et dans la communauté, par l'exercice de ses dons et charismes, par sa participation à l'eucharistie dans la grande assemblée. Le corps grandit dans la charité par la participation de tous les membres. Dans la communauté chrétienne, chacun est une pierre vivante qui sert à l'édification du temple spirituel. C'est ce que nous découvrons dans la première lettre de saint Paul aux Corinthiens :

L'Église, corps du Christ : *1 Co 12, 12-27*

Ces membres, c'est nous tous, et le Corps ne pourra vivre efficacement que si chaque membre assume, avec humilité, persévérance et amour, son propre service qui tire son origine d'un « don particulier » de l'Esprit Saint pour lui. TOUS ont reçu leur propre don, un « charisme » pour l'édification du Corps et pour l'utilité commune.

L'hymne à la charité : *1 Co 13, 1-13*

Le Concile œcuménique Vatican II nous instruit :

« Les laïcs, réunis dans le Peuple de Dieu
et organisés dans l'unique Corps du Christ sous une seule tête, sont appelés, quels qu'ils soient,
à coopérer comme des membres vivants au progrès de l'Église
et à sa sanctification permanente, en y appliquant toutes les forces
qu'ils ont reçues par bienfait du Créateur et par grâce du Rédempteur.
L'apostolat des laïcs est une participation
à la mission salutaire elle-même de l'Église :
à cet apostolat, tous sont députés par le Seigneur lui-même
en vertu du baptême et de la confirmation. »
(LG §-33)

Chacun a une tâche que personne d'autre ne peut accomplir. S'il manque un membre, il manque quelque chose d'essentiel à l'Église.

Le Pape Jean-Paul II exhortait :

*« Des situations nouvelles, dans l'Église comme dans le monde,
dans les réalités sociales, économiques, politiques et culturelles,
exigent aujourd'hui, de façon toute particulière,
l'action des fidèles laïcs.
S'il a toujours été inadmissible de s'en désintéresser,
présentement c'est plus répréhensible que jamais.*

*Il n'est permis à personne de rester à ne rien faire. »
(CFL §-33)*

1- Comment puis-je servir dans la paroisse ?

Comme nous l'avons déjà vu, le premier service est l'adoration eucharistique, principe et fondement de ce processus d'évangélisation ; en second lieu, afin d'exercer son charisme propre, chaque membre de cellule pourra servir sa communauté dans les services qui lui permettent d'être une paroisse missionnaire, c'est-à-dire une paroisse qui :

prie,

aime,

évangélise.

Benoît XVI affirme que :

« la nature profonde de l'Église s'exprime dans une triple tâche :

- *annonce de la Parole de Dieu (kerygma-martyria),*
- *célébration des Sacrements (leitourgia),*
- *service de la charité (diakonia).*

Ce sont trois tâches qui s'appellent l'une l'autre et qui ne peuvent être séparées l'une de l'autre. La charité n'est pas pour l'Église une sorte d'activité d'assistance sociale qu'on pourrait aussi laisser à d'autres, mais elle appartient à sa nature, elle est une expression de son essence elle-même, à laquelle elle ne peut renoncer. » (DCE §-25)

Ainsi, chaque communauté paroissiale réalise sa propre mission en servant ses frères dans leurs besoins spécifiques et possède donc, en son sein, des services « personnalisés ». La paroisse de Sant'Eustorgio, quant à elle, en a actuellement quatre-vingts.

Le graphique ci-dessous en donne le détail, simplement à titre indicatif. Je peux servir dans :

Catéchèses
- pour les enfants
- pour les jeunes
- pour les adultes
- Cours pour les fiancés
- Cours pour les parents qui demandent le baptême pour leurs enfants

Cours d'évangélisation
- Séminaire de Vie Nouvelle
- Une Lumière dans la nuit
- Cours Alpha
- Cours École Saint André

Journal de la communauté
- Rédacteurs - chroniqueurs
- Graphistes
- Dessinateurs

Évangélisation de l'oikos
- Évangélisateurs itinérants
- Italie
- Pays étrangers
- Techniciens audio et vidéo
- Experts en systèmes informatiques
- Gestion du site Internet de la paroisse, mises à jour
- Affichistes – publicitaires
- Contacts avec la presse

Groupes caritatifs
- Missions
- San Vincenzo
- Service juridique et psychologique
- Visite aux malades et aux personnes âgées

Familles – soutien à travers :
- Cours
- Rencontres
- Aides en général

Adoration eucharistique
- 1 heure par semaine

Services techniques
- Plombiers
- Maçons
- Electriciens
- Ingénieurs
- Menuisiers
- Peintres
- Architectes

Propreté et décoration de la Basilique
- Nettoyage
- Soin des vases sacrés
- Soin ameublement et linges
- Fleurs
- Sacristie

Liturgie – Animation de la messe
- Chanteurs
- Lecteurs
- Intercesseurs
- Ministres de l'autel
- Musiciens
- Service d'ordre

Activités pour la jeunesse
- Étude après la classe
- Animateurs spirituels
- Animateurs sportifs et artistiques
- Employés aux cuisines
  - cuisiniers
  - serveurs et barmans
- École de musique et de danse
- École de couture er de bricolage

Musée
- Service d'accueil
- Guide

2- La liturgie : instrument d'évangélisation

La liturgie, en particulier celle de la célébration eucharistique (la messe), a un extraordinaire pouvoir d'évangélisation ; il nous suffit de penser aux paroles de Jésus :

Venez à moi, vous tous qui peinez sous le poids du fardeau,
et moi, je vous donnerai le repos.
(Mt 11, 28)

Pour moi, quand j'aurai été élevé de terre,
j'attirerai à moi tous les hommes.
(Jn 12, 32)

Jésus en personne est présent dans la liturgie eucharistique, et la célébration communautaire est la source et le sommet de la vie de foi du chrétien, l'origine du mandat qu'il a reçu pour évangéliser.

Une communauté capable de communiquer, à chaque instant de la liturgie eucharistique, l'amour, la paix, l'accueil, la joie... réalise ce que Jésus a enseigné au Cénacle, dans son discours aux apôtres :

À ceci, tous vous reconnaîtront pour mes disciples : à l'amour que vous aurez les uns pour les autres. (Jn 13, 35)

Certaines dispositions particulières peuvent aider les fidèles à goûter la présence de Jésus et son amour, et à ouvrir leur cœur à la joie et à l'espérance. Ainsi, se sentiront-ils attendus et aimés par Celui qui se fait présent dans le Très-Saint-Sacrement de l'autel. Car c'est l'eucharistie qui fait l'Église et crée la communauté.

Quelles dispositions ? Voici des exemples :

- faire précéder la célébration de la messe d'un temps de prière avec le prêtre qui préside et les fidèles, pour que tout se déroule dans la paix, dans l'abandon à l'action de l'Esprit et dans la joie. À Sant'Eustorgio, 20 minutes avant la messe, le prêtre qui préside, les ministres et les fidèles prient pour tous les frères qui sont en chemin et pour que la célébration touche le cœur de tous ;

- accueillir les fidèles à l'entrée de l'église et les saluer au terme de la célébration ;

- impliquer l'assemblée dans les chants et les prières communes ;

- inviter les fidèles à exprimer, dans la « prière universelle », certains besoins spécifiques par des prières spontanées ;

- éduquer les fidèles à considérer l'eucharistie, non seulement comme une communion avec le Christ, mais aussi comme une communion avec les frères. À Sant'Eustorgio, chaque fidèle qui suit immédiatement celui qui communie au corps du Christ, prie pour ce frère et pose une main sur son épaule en signe de communion avec lui ;

- célébrer avec ferveur chaque moment de la messe, de sorte qu'à la fin, chacun ait le désir de revenir participer, avec une joie renouvelée, à une autre célébration eucharistique. À Sant'Eustorgio, après la messe, les fidèles se retrouvent sur le parvis pour partager et créer des liens.

Chaque participant, après la célébration eucharistique, devrait avoir le cœur comblé de la joie du Christ ressuscité, pour être, dans la puissance de l'Esprit Saint, témoin de l'amour de Dieu au cœur du monde. Cela correspond au véritable esprit du salut « d'envoi » selon le rite romain qui, d'après Benoît XVI, *« exprime de manière synthétique la nature missionnaire de l'Église » (SAC §-51).*

« Ite, missa est : Allez, vous êtes envoyés ! »

C- TRAVAIL DE LA 9e SEMAINE

_________ J'ai approfondi l'importance de la formation du disciple.

_________ J'ai assimilé les douze principes de la formation du disciple.

_________ J'ai compris l'appel à servir dans l'Église.

_________ J'ai déterminé mon éventuel service à accomplir dans la paroisse.

_________ Je reconnais la liturgie comme un instrument important d'évangélisation. J'y participe activement.

ANNEXES

Sommaire

ANNEXE 1

Compte rendu de rencontre de cellule

Cellule : [ ] Leader : [ ]

Compte rendu établi avec le co-leader : [ ]

Date : Enseignement n° Titre :

DÉROULEMENT DE LA RÉUNION	COMMENTAIRES
RESPECT DES HORAIRES (début, fin, différentes phases)	
PRÉSENCE ➤ Y a-t-il eu des absents, excusés ou non ? leurs noms... ➤ Invités : oïkos, autres...	
AMBIANCE GÉNÉRALE ➤ Esprit de prière, de communion, joie, dynamisme, tensions, lassitude, ... ➤ Problèmes ou difficultés : personnels, doctrinaux, ...	
1. LA LOUANGE	
QUALITÉ ➤ Joyeuse, pesante, spontanée, laborieuse, édifiante, stimulante... ➤ Action de grâce et/ou louange	
ANIMÉE PAR Le leader, une autre personne, à tour de rôle, ...	
PARTICIPATION Tous, ceux qui n'y arrivent pas, ceux qui s'y ouvrent, ...	
2. LE PARTAGE	
GLOBALEMENT ➤ Stimulant, édifiant, bavard, ... ➤ Temps de parole équilibré ou monopolisation...	

DÉROULEMENT DE LA RÉUNION	COMMENTAIRES
CONTENU ➤ Simple partage de vie ou témoignage de la présence du Seigneur ? ➤ Conscience de ce que le Seigneur a fait pour moi dans la semaine … ➤ Centré sur l'évangélisation : témoignage de vie, annonce explicite, invitation, … ➤ Référence à l'enseignement précédent.	
3. L'ENSEIGNEMENT	
➤ Le sujet a-t-il intéressé ? ➤ A-t-il paru difficile à comprendre ? ➤ Contribue-t-il à rendre le pasteur plus accessible ? ➤ Favorise-t-il la croissance qualitative ? Dans quel domaine ?	
4. APPROFONDISSEMENT	
➤ S'est-on senti concerné, touché, heurté… ? ➤ En a-t-on tiré une application personnelle ou pour la cellule ? ➤ Quel rapport avec l'évangélisation ?	
5. LA PRIÈRE D'INTERCESSION	
➤ A-t-elle été centrée sur les membres des oïkos ? ➤ Les membres ont-ils tous participé ? ➤ Y avait-il communion entre tous les membres ? ➤ A-t-on présenté les besoins de la cellule ?	
6. LA VIE DE LA COMMUNAUTÉ	
➤ A-t-on communiqué les avis ? ➤ A-t-on rappelé les dates importantes ? ➤ A-t-on recueilli des offres ?	
7. LA PRIÈRE DES FRÈRES	
A-t-elle eu lieu, a-t-elle été proposée ou expliquée ?	

Coordonnées des nouveaux membres de la cellule :

ANNEXE 2

Comment implanter le Système des cellules paroissiales d'évangélisation ?

LES ÉTAPES D'IMPLANTATION DU SYSTÈME DES CELLULES PAROISSIALES D'ÉVANGÉLISATION

L'art du greffage

L'implantation du système des CPÉ dans une communauté paroissiale ressemble à un greffage. Il s'agit d'insérer, dans le vieil arbre de la paroisse, le greffon des cellules qui lui permettra de produire des fruits de qualité en grande quantité. Cette opération délicate exige du pasteur un grand art. Il est donc important de procéder avec sagesse et discernement. L'implantation du système des cellules demande de la patience (*« Prenez donc patience, frères, jusqu'à la venue du Seigneur. Voyez le cultivateur : il attend le fruit précieux de la terre sans s'impatienter à son propos tant qu'il n'en a pas recueilli du précoce et du tardif », Jc 5, 7*). À chaque étape de l'implantation, il faut prendre le temps nécessaire pour évaluer et discerner si l'on peut passer à l'étape suivante. Chaque étape peut équivaloir à une période de 2 à 4 mois. Dans le schéma ci-dessous, 7 étapes sont clairement identifiées en fonction de trois colonnes : le pasteur (colonne du centre), le porte-greffe de la communauté paroissiale (colonne de droite), le greffon des CPÉ (colonne de gauche).

1 **LE PASTEUR** (le greffeur) ▼
accueille, porte, approfondit la vision des cellules paroissiales d'évangélisation. Il s'engage dans un chemin de « conversion pastorale ». Il visite des communautés renouvelées par les CPÉ. Il participe à des sessions sur l'évangélisation. Il partage avec des pasteurs engagés dans la nouvelle évangélisation. Il lit soigneusement le Manuel de base pour la formation des leaders. Il prie pour que son cœur de pasteur-évangélisateur soit rempli d'ardeur.

LES CELLULES (le greffon) ▼	**2** Après réflexion et discernement, le pasteur partage sa décision d'implanter la vision des CPÉ dans sa paroisse :	**LA PAROISSE** (le porte-greffe) ▼
• à un petit noyau de 5 à 12 personnes qu'il discerne et choisit dans la prière et qui formera le groupe-guide.	▼	• à son équipe pastorale, au conseil pastoral paroissial et à la communauté paroissiale qui vivra un renouvellement dans la mission évangélisatrice.
	3 Le pasteur propose un temps de formation initiale pour partager la vision des CPÉ et encourager au dynamisme missionnaire.	
• Le groupe-guide se réunit une fois par semaine pour s'habituer au rythme hebdomadaire qui sera celui des cellules. • Le groupe-guide étudie le Manuel de base pour la formation des leaders. •Le groupe-guide s'initie petit à petit à vivre dans l'esprit des CPÉ.	▼	• Les paroissiens sont invités à une formation sur l'exhortation apostolique de Paul VI, Evangelii Nuntiandi. • Dans Evangelii Nuntiandi, Paul VI pose exactement 40 questions. Il ouvre un large dialogue pour aider les membres de l'Église à répondre à leur mission essentielle et fondamentale. La paroisse dans son ensemble doit percevoir que « l'Église existe pour évangéliser ».
	4 Le pasteur ne cesse de prier pour les futurs membres des cellules et sa communauté paroissiale qui se prépare à un changement majeur.	
Le groupe-guide s'approprie de plus en plus la vision et les valeurs des CPÉ. Le groupe-guide expérimente le défi de la rencontre hebdomadaire de cellule et vérifie l'application des principes.	▼	Le pasteur propose à toute la paroisse l'ouverture d'une chapelle d'adoration eucharistique permanente pour enraciner profondément l'expérience de l'évangélisation et du renouveau paroissial dans une prière forte et engagée.
	5 Le pasteur doit faire face aux questions, aux résistances, aux incompréhensions des paroissiens et des différents mouvements de la paroisse. Ces difficultés sont des opportunités pour partager la vision avec joie et sérénité.	
• Le groupe-guide propose à un groupe plus élargi la formation de leaders. • Le pasteur invite personnellement le plus grand nombre. Ce point est capital car chacun se comprendra comme étant un élément de fondation. Il invite à participer à toute la formation, sans obligation de continuer ensuite. • Dans un esprit de coresponsabilité, les membres du groupe-guide participent à la formation en donnant les enseignements.	▼	• À tous les niveaux de la vie paroissiale, le pasteur informe la communauté du développement des CPÉ. • Dans toutes ses interventions liturgiques, et particulièrement dans ses prédications, il insuffle le dynamisme évangélisateur. • Dès qu'il en a l'opportunité, au cours d'une rencontre paroissiale, de la réunion d'un mouvement ou de toutes autres activités, il partage sa vision d'une communauté renouvelée par la mission.

6

Cellules provisoires et vie dans l'Esprit

Il s'agit d'une étape très délicate et stratégique.
C'est ici que se prépare le moment ultime du greffage.

• À la suite de la formation des leaders, le pasteur constitue les cellules provisoires. Elles ont pour but de permettre à chacun d'expérimenter la rencontre de cellule. • Le pasteur nomme un responsable pour chaque cellule provisoire. La conduite de la rencontre de cellule est confiée à tour de rôle à chaque membre de cellule. • Le pasteur ne participant pas à la rencontre de cellule, réunit chaque semaine une cellule-guide provisoire constituée des responsables, accompagnés du leader de la semaine. • Cette cellule-guide qui commence par la louange et se termine par la prière d'intercession, permet au pasteur d'écouter le compte rendu de chaque cellule présenté par le leader de la semaine. Le pasteur veillera à ce que chaque membre soit en train de constituer son oïkos.	▼	• « L'Esprit Saint est l'agent principal de l'évangélisation » (EN §-75). • En vertu de ce principe biblique et pastoral fondamental, il est important, pour le pasteur, de développer, au sein de sa communauté paroissiale, une culture et une spiritualité de l'évangélisation qui prennent particulièrement en compte le rôle et la personne de l'Esprit Saint. • Le pasteur peut organiser un séminaire de la vie dans l'Esprit Saint pour aider les paroissiens à vivre l'évangélisation sous le souffle de la Pentecôte : • « Comme le Père m'a envoyé, moi aussi je vous envoie. […] Recevez l'Esprit Saint » (Jn 20, 21-22)

7

Ouverture des cellules provisoires à toute la paroisse

C'est ici qu'a lieu le greffage.
Cette opération délicate exige du greffeur
l'utilisation du greffoir !

• À la fin des cellules provisoires, quand chaque membre aura été leader, le pasteur nommera les leaders définitifs et ouvrira les cellules qui pourront accueillir de nouveaux membres. • À partir de ce moment, le pasteur réunira chaque semaine son groupe-guide.	●	• Le pasteur peut organiser pour tous les paroissiens et membres des cellules une fin de semaine de réflexion et de prière qui culmine dans un temps fort d'effusion de l'Esprit et d'envoi missionnaire.

En fonction du nombre de leaders effectifs et potentiels
(nommés et mandatés par le pasteur)
et du nombre de membres qui ont participé aux formations, les cellules accueillent de nouveaux paroissiens désireux de vivre l'expérience de l'évangélisation.

Les cellules sont officiellement lancées au cours d'une célébration liturgique dominicale avec la participation de l'évêque ou de son représentant.

Le greffon des CPÉ est intégré
à l'arbre de la communauté paroissiale.

« La Parole de Dieu, cependant, croissait et se multipliait »
(Ac 12, 24)

ANNEXE 3

Cellules-France : accompagner les pasteurs et les paroisses dans la nouvelle évangélisation

L'initiative du Conseil pontifical pour les laïcs de reconnaître « les cellules paroissiales d'évangélisation » en demandant à Don Pigi, curé de Sant Eustorgio à Milan, d'en élaborer les statuts, a provoqué la mise en place d'une structure internationale : « l'Organisme International de service des Cellules Paroissiales d'Evangélisation ».

Don Pigi a demandé au père Arnaud Adrien, prêtre du diocèse de Fréjus-Toulon, d'être responsable de la zone francophone en Europe. Ce dernier a constitué l'Association Cellules-France pour accompagner les pasteurs et les communautés paroissiales dans le développement de l'expérience des cellules d'évangélisation. L'Association Cellules-France a principalement pour mission : l'information et la formation.

Parmi les moyens mis en œuvre, il y a un site web : www.cellules-evangelisation.org. La vocation de ce site est d'être un organe d'informations et de références sur le système des cellules paroissiales d'évangélisation dans la mise en œuvre de la nouvelle évangélisation en paroisse. Vous pourrez y découvrir :

- ➤ La valorisation d'expériences à travers de nombreux témoignages de pasteurs et de laïcs ;
- ➤ Un support d'information et de formation simples et accessibles ;
- ➤ La proposition de fonctionnalités : newsletter et e-formation.

L'enjeu du site est de répondre aux besoins, aussi bien des paroisses qui ont adopté le système des CPE que de celles qui ne connaissent pas la méthode et désirent aller plus loin dans la découverte de cette approche.

La formation s'adresse aux membres, aux leaders, et aux pasteurs. Elle vise un double but : la formation au système des cellules paroissiales d'évangélisation et la formation aux fondements de la Nouvelle Évangélisation : fondements bibliques et ecclésiologiques, principes pastoraux, etc. Concrètement, l'Association Cellules-France :

- organise des sessions de formation : temps de ressourcement, de prière, d'enseignement, de partage, qui s'adressent aux prêtres, coordonnateurs et leaders ayant des cellules sur leur paroisse et à ceux qui désirent les lancer ;
- accompagne les paroisses sur le terrain dans le déploiement de la formation à l'évangélisation ;
- met en œuvre et développe des outils d'aide à la formation (éditions, CD, DVD...) ;
- prend part aux travaux de l'Organisme international de service des cellules paroissiales d'évangélisation.

Contacter les responsables

Pour tout renseignement concernant l'implantation de cellules sur la France, la mise en place de la méthode, les sessions et séminaires organisés tout au long de l'année, la formation, etc... n'hésitez pas à nous contacter :

ASSOCIATION CELLULES-FRANCE
La Castille - RD 554 de la Farlède à la Crau
83 210 SOLLIES-VILLE
Courriel : cellules.france@gmail.com

ANNEXE 4

Pourquoi utilisons-nous le terme « Filet » pour désigner le processus d'évangélisation ?

Dans la première et deuxième traduction française du *Manuel de formation des responsables de cellules paroissiales d'évangélisation*[4], le mot « filet » est utilisé pour désigner le processus d'évangélisation préconisé dans cette méthode, alors que, dans le texte original anglais, il est question de « processus d'évangélisation » et, dans le manuel italien, de la « bomba ». Dans le milieu français, la question se pose quant à l'opportunité de conserver ce terme « filet ». Deux objections majeures justifient cette remise en question. Premièrement, on peut se demander si le terme « filet » est vraiment approprié du point de vue de la réflexion biblique. Y a-t-il un abus d'interprétation en tirant de l'Évangile l'expérience de la pêche pour désigner tout un processus d'évangélisation ? Deuxièmement, dans le contexte occidental où la sensibilité sur le sens de la liberté est si aiguë, le mot « filet » semble confirmer que toute méthode d'évangélisation est coercitive et contraignante pour la conscience individuelle éprise d'autonomie. En ce sens, l'image du filet ne laisserait aucun choix possible. La personne n'aurait qu'à se « laisser prendre » pour devenir croyante et adhérer à la foi. Tout dépendrait de la stratégie du pêcheur, de son habileté à convaincre et peut-être même de sa capacité à utiliser différentes ruses pour amener la personne à croire.

Devant ce débat, nous pouvons faire une petite enquête biblique pour chercher à comprendre si l'image de la pêche convient. Il est vrai que de nombreuses paraboles, difficiles à saisir pour la mentalité contemporaine, trouvent leur véritable justification et compréhension dans le contexte culturel de l'époque de Jésus. On connaît suffisamment d'exemples à ce sujet. Si le Maître a interpellé les quatre premiers disciples en disant dans la version de Marc : « Venez à ma suite, et je vous ferai devenir pêcheurs d'hommes » *(trad. litt. Mc 1, 17)* et en s'adressant à Pierre dans la version de Luc : « Sois sans crainte ; désormais ce sont des hommes que tu captureras » *(trad. litt. Lc 5, 10)*, il faut alors se demander si Jésus a permis, pour les membres de son Église, l'utilisation de la coercition et de la manipulation pour obtenir la conversion des personnes à évangéliser.

Dans l'Ancien Testament, le mot filet, employé littéralement dans le contexte de la pêche, n'a pas une connotation immédiatement négative. Par contre, il faut savoir que plusieurs mots hébraïques sont traduits par « filet » sans qu'ils fassent automatiquement référence à l'expérience de la pêche. Ces mots hébraïques traduits par « filet » présentent un sens clairement négatif. On peut les traduire par piège, traquenard, embuscade, proie, etc. Dans la très grande majorité des cas, l'auteur biblique utilise l'image du filet pour donner une interprétation théologique à certaines situations. Trois contextes de signification reviennent fréquemment : 1- dans l'Ancien Testament en général, on dit que les méchants prennent les justes dans leurs filets, 2- pour interpréter les conséquences du péché d'Israël, les prophètes affirment que le filet des nations s'est jeté sur le peuple de l'Alliance devenu infidèle, et cela en guise de punition, 3- enfin, très souvent le psalmiste demande à Dieu de libérer le juste des filets du méchant. Ainsi, il n'y a aucun doute sur la connotation clairement négative de l'image du filet employée dans l'Ancien Testament.

[4] Paroisse Saint Eustorgio, Système des cellules paroissiales d'évangélisation. Manuel de formation des responsables de cellule, édition revue et corrigée. La première traduction a été établie par Mlle Alessandra Rossi à partir du document de la paroisse St-Boniface de Pembrooke Pines, Floride par les auteurs suivants : P. Michael J. Eivers, Rev. A. Perry Vitale, Muriel Kroll.

Par contre, l'expression utilisée par Jésus dans les Évangiles déconcerte : « Venez à ma suite et je vous ferai devenir pêcheurs d'hommes » *(Mc 1, 17, trad. litt.)*. L'image englobante de la pêche sert à interpeller les premiers disciples. Dans ce contexte, le fait d'être pris par des méchants semble totalement inexistant. L'image est alors complètement inversée. Ce sont les bons, les disciples de Jésus qui utilisent le filet pour prendre ceux qui sont dans la mer du mal. De plus, c'est le métier lui-même de la pêche qui l'emporte sur l'idée de la prise par le filet. Une distinction doit être maintenue dans l'emploi des différents termes grecs utilisés dans le Nouveau Testament. Disons, en résumé, que trois mots se réfèrent directement au métier de la pêche, sans qu'il soit question de méchants qui cherchent à capturer le juste ou de justes qui demandent à être libérés des filets du méchant. Les trois termes utilisés ont un sens neutre et ils se réfèrent au métier de la pêche sans donner une interprétation théologique telle qu'on la retrouve dans les écrits de l'Ancien Testament. Les trois mots sont les suivants : 1- diktuon qui désigne le filet en général dans le contexte bien concret du métier de la pêche (Nous avons 4 références significatives dans chacun des Évangiles : *Mt 4, 20-21 [2 fois] ; Mc 1, 18-19 [2 fois] ; Lc 5, 2.4-6 [4 fois] ; Jn 21, 6.8.11 [4 fois])* ; 2- amphiblestron qui fait référence à une technique spéciale de pêche qu'on appelle « l'épervier » *(Mt 4, 18 [substantif] ; Mc 1, 16 [verbe])* ; 3- sagene qui désigne également une technique de pêche que l'on nomme en français la « seine » *(Mt 13, 47)*.

Il faut souligner que, lorsque l'idée vétérotestamentaire du filet est reprise dans le Nouveau Testament (ce qui arrive 5 fois), ce sont d'autres termes grecs qui sont employés avec une connotation négative : 1- pagis (dans le discours eschatologique : *Lc 21, 35* ; l'expression les filets du Diable : *1 Tm 3, 7 ; 2 Tm 2, 26)*, 2- thêra (dans le sens vétéro-testamentaire : *Rm 11, 9)* ; 3- aichmalôtizô (dans le sens vétéro-testamentaire : *2 Tm 3, 6)*. Le contraste est donc très frappant entre les mots utilisés dans le contexte de l'appel des disciples qui désignent clairement le métier de la pêche et ceux utilisés dans le sens vétérotestamentaire de la prise du juste par le méchant au moyen du filet.

Après avoir fait cette nette distinction, nous pouvons être plus à l'aise pour entrer dans l'univers des Évangiles et mieux saisir la vision de Jésus lorsqu'il a appelé des pêcheurs de poissons pour en faire des pêcheurs d'hommes. Revenons à l'Évangile de Marc. L'expression utilisée par Jésus : « Venez à ma suite et je vous ferai devenir pêcheurs d'hommes » *(trad. litt. Mc 1, 17)* invite à une réflexion approfondie. Cette affirmation décrit toute la mission évangélique de Jésus qui appelle et forme ses apôtres dans le contexte d'une géographie spirituelle où tout l'Évangile doit être pris en compte. Ce qu'il faut donc considérer, c'est le métier de la pêche dans un contexte très large. Jésus dit bien : « je vous ferai devenir », contrairement à Mathieu où Jésus affirme : « je vous ferai pêcheurs d'hommes ». Cette petite nuance indique bien chez Marc l'idée que tout son Évangile a pour but de former, de « faire devenir » (poièso humas genesthai) des disciples.

Marc est bien conscient du sens fondamentalement théologique des lieux géographiques dans son Évangile. Les raccourcis spatio-temporels en sont le signe évident. Il faut donc voir le lac, la maison de Pierre qui devient, dans l'Évangile de Marc, la maison de Jésus, et la synagogue de Capharnaüm orientée en direction de Jérusalem, la ville sainte, selon une théologie de l'espace embrassant la mission évangélisatrice de Jésus. Ici, nous sommes dans le monde des représentations symboliques. Le lac représente le monde du mal et des ténèbres. C'est le lieu des tempêtes, de la peur, du mal, des esprits mauvais et des fantômes. Les porcs de Gérasa se jettent dans la mer, ce n'est pas pour rien. Mais l'homme libéré qui demeurait dans le cimetière retourne dans sa maison, lieu d'harmonie, de paix et de fraternité.

Les pêcheurs travaillent de nuit, sur la mer. Ils travaillent donc dans un monde à haut niveau de risque. Jésus les rencontre à l'aube. Il apporte la vraie lumière. Il faut donc sortir le poisson de ce monde des ténèbres. Le poisson pris dans le filet de Pierre représente l'homme qui a quitté le monde des ténèbres et qui, par la Parole évangélique, retrouve son oïkos (ici dans le sens de maison-Église), son lieu de communion fraternelle et ecclésiale. Tous les miracles et toutes les conversions, dans Marc, ont pour but de permettre aux personnes de regagner leur oïkos. Il s'agit du filet de la Parole, de la miséricorde et de la grâce qui guérit, pardonne, libère et éclaire. La lumière doit éclairer toute la maison. Les récits de pêche miraculeuse ont lieu à l'aube. Le poisson qui fuit la lumière ne peut être pêché que la nuit. Les pêcheurs de Galilée le savent très bien. Le texte de Luc *(cf. 5, 1-11)* est représentatif de toute cette réalité (« Nous avons peiné toute la nuit sans rien prendre », *Lc 5, 5)*. Luc associe l'appel des Quatre à une pêche miraculeuse après une nuit de travail sans résultat, alors que Jésus proclame la parole dans la barque de Simon. Avec Jésus, les choses fonctionnent autrement. La lumière du Christ, sa Parole, attire le poisson. C'est pourquoi les pêcheurs qui connaissent pourtant très bien le métier (Jésus n'est-il pas fils du charpentier de Nazareth ? Que connaît-il de la pêche ?) sont appelés avec Jésus à un véritable changement de mentalité dans la mission évangélique. L'homme, contrairement au poisson, désire la lumière, la parole de vérité. Le pêcheur-apôtre est appelé à vivre sa mission dans ce sens. L'évangélisation ne vise pas d'autre but que celui de sortir des ténèbres pour ouvrir à la lumière véritable, à la communion fraternelle et familiale de l'oïkos-Église.

Si on regarde l'image proprement dite du filet, on doit souligner un aspect pratique tiré du métier de la pêche tel qu'exercé à l'époque de Jésus et même jusqu'à tout récemment. La seine, le tramail et l'épervier sont des techniques de pêche bien connues par les pêcheurs de Galilée. Dans chacun des cas, le fait de ramener le filet rempli de poissons représente le moment le plus délicat puisqu'il y a les risques de briser le filet ou de perdre du poisson. Je n'entre pas dans les détails des différentes techniques employées et mentionnées dans les Évangiles. D'autres auteurs l'ont fait. On peut donner un sens stratégique à ces méthodes de pêche[5].

Dans le monde de l'évangélisation, on peut parler de méthodes et de stratégies. On peut parler de processus d'évangélisation. Dans son volume *L'Église, une Passion une Vision*, le pasteur Rick Warren utilise cette méga-parabole de la pêche pour parler de stratégie : « Chapitre 11. Développer votre stratégie ». Voici les sous-titres de ce chapitre :

- Savoir quelle sorte de poissons vous pêchez,
- Allez là où mord le poisson,
- Apprendre à penser comme un poisson,
- Attrapez les poissons à leurs propres conditions,
- Utilisez plus d'un hameçon,
- La pêche est une activité sérieuse.

Tous ces titres peuvent nous faire sourire. Pourtant ce visionnaire a été pasteur d'une communauté en Californie qui a connu le plus rapide taux de croissance en Amérique du Nord. Le pasteur Warren termine ce chapitre en disant : « J'ai toujours aimé l'analogie que Jésus faisait entre l'évangélisation et la pêche, mais j'ai toujours eu une hésitation à ce sujet : la pêche est seulement un passe-temps pour la plupart des gens, un loisir qu'ils pratiquent à leurs moments perdus. Personne ne regarde la pêche comme une responsabilité. Cependant « la pêche aux hommes » est une activité sérieuse. Ce n'est pas un passe-temps pour les chrétiens ; cela doit devenir notre mode de vie ! ».

De tout cela nous pouvons tirer quelques conclusions importantes :

1- Il est très clair que, pour Jésus, l'image du filet n'est pas comprise dans le sens vétérotestamentaire.

2- Pour comprendre le sens du filet, et plus largement de la pêche dans l'Évangile, il ne faut surtout pas perdre de vue la mission essentielle et fondamentale de l'évangélisation telle que Jésus l'a vécue dès l'appel des quatre premiers disciples qui étaient pêcheurs (« Car c'étaient des pêcheurs », *trad. litt. Mc 1, 16)*.

3- Toutes les images négatives de la pêche et du filet prennent un sens positif dans le contexte de l'évangélisation selon la « vision » même de Jésus : « Comme il passait sur le bord de la mer de Galilée, il vit... » *(Mc 1, 16)*. Ici le mot voir est utilisé dans son sens le plus profond. « Dieu vit que cela était bon », « Soyez féconds et prolifiques, remplissez les eaux dans les mers... » *(Gn 1, 21.22)*. Dieu aime la pêche miraculeuse. Il voit grand.

[5] Mendel Nun, La mer de Galilée et ses pêcheurs dans le Nouveau Testament, traduction française par Jean-Georges Kahn, publication de la « Kinnereth Sailing Company, 1990.

4- Dans Marc, on lit bien : « Je vous ferai devenir pêcheurs d'hommes » *(trad. litt. Mc 1, 17)*. Tout l'Évangile a pour but de former ces apôtres, de les « faire devenir » témoins de la lumière du Christ ressuscité. Ce n'est donc pas pour rien que Jean *(cf. 21, 1-14)* place un récit de pêche miraculeuse à la fin de son Évangile, lors d'une apparition du Ressuscité.

5- La synagogue de Capharnaüm, comme toutes les synagogues de Galilée, est orientée vers Jérusalem. Jésus sait que sa mission ultime va se réaliser dans la ville sainte. C'est sur lui que, finalement, se jettera le filet du Malin, des ténèbres, du péché, du mal et de la mort *(cf. Lc 21, 35)*. Mais nous savons ce qui s'est passé le troisième jour. La lumière de Pâque éclaire la pêche universelle de l'amour et de la charité que les apôtres accompliront sans tarder.

En conclusion, voici une citation, avec quelques commentaires placés entre crochets [ ], de ce magnifique texte de Thérèse de Lisieux sur la pêche miraculeuse qu'on retrouve dans le premier de ses Manuscrits autobiographiques.

> En cette *nuit* de *lumière* commença la troisième période de ma vie, la plus belle de toutes, la plus remplie des grâces du Ciel... En un instant l'ouvrage que je n'avais pu faire en 10 ans, Jésus le fit se contentant de ma *bonne volonté* qui jamais ne me fit défaut. [Thérèse a longuement commenté sa grande conversion de Noël 1886 ; elle enchaîne immédiatement sur la pêche miraculeuse] Comme ses apôtres, je pouvais Lui dire : « Seigneur, j'ai pêché toute la nuit sans rien prendre. » [Thérèse dit bien : "j'ai pêché" ; avec une audace qui lui est connue, elle reprend à son compte les paroles des Apôtres] Plus miséricordieux encore pour moi qu'Il ne le fut pour ses disciples, [L'audace augmente d'un cran ; elle se considère plus choyée que les apôtres, car elle est l'objet d'une plus grande miséricorde ; qu'est-ce qui le lui prouve ?] Jésus *prit Lui-même* le filet, le jeta et le retira rempli de poissons... [Elle souligne : "prit Lui-même" ; Thérèse ne fait rien ; elle se contente de voir Jésus dans la barque prendre le filet, le jeter et le retirer rempli de poissons ; elle a, de nouveau, l'audace de dire] Il fit de moi un pêcheur d'âmes, je sentis un grand désir de travailler à la conversion des pécheurs, désir que je n'avais pas senti aussi vivement... Je sentis en un mot la *charité* entrer dans mon coeur, le besoin de m'oublier pour faire plaisir et depuis lors je fus heureuse !... Un Dimanche en regardant une photographie de Notre-Seigneur en Croix, ... [Etc., elle poursuit en relatant l'histoire de la conversion de Pranzini, son « premier poisson »...].
> *(MsA 45v)*

ANNEXE 5

Le processus de conversion

Depuis le début de cette démarche, nous parlons du « processus d'évangélisation » dans lequel l'évangélisateur s'est engagé pour accompagner une personne à adhérer à Jésus et à vivre une expérience chrétienne au sein de la cellule. Dans nos explications sur le « Filet », nous avons déjà indiqué combien cette étape (l'engagement et l'invitation à vivre la rencontre de la cellule) est un moment très délicat. Ici, le « filet se resserre ». Le poisson risque de nous échapper au moment même de l'introduire dans la barque de la cellule, cette communauté de médiation qui, pour le nouveau converti, devient éventuellement le lieu idéal pour vivre cette démarche de conversion et de croissance vers la maturité chrétienne.

À cette étape, il est important, pour l'évangélisateur, de saisir ce qui se passe dans le cœur de celui qu'il évangélise. Il faut donc parler du « processus de conversion. » Nous le répétons sans cesse, l'évangélisation est présentée comme un processus progressif qui permet d'organiser son agir dans le but de le rendre fécond. Nous devons comprendre que la personne qui est l'objet de notre attention évangélisatrice est entrée dans une démarche de conversion progressive, au départ implicite. Mais, au fur et à mesure qu'elle devient plus explicite pour le futur converti, elle exige de sa part une prise de conscience des décisions qui l'entraîneront éventuellement vers des changements importants, voire des transformations intérieures et extérieures majeures. Dans ce contexte, sentant bien qu'il doit proposer Jésus à l'évangélisé de manière plus explicite pour susciter de sa part un engagement à vivre l'expérience de la cellule, l'évangélisateur doit savoir mesurer ce que représente, pour la personne évangélisée, une telle démarche, un tel bouleversement, un tel saut dans une expérience si nouvelle.

Cette réflexion n'a d'autre but que d'aider l'évangélisateur à comprendre ce qui se passe dans le cœur de la personne qu'il évangélise. S'il n'en tient pas compte, il prend, par anticipation, le risque de voir le poisson lui échapper au moment le plus délicat du processus d'évangélisation. Pour ce faire, nous nous inspirons de la recherche du père Nicolas Standaert dans : L'« autre » dans la mission. Leçons à partir de la Chine (Éditions Lessius, 2003) au chapitre deux, intitulé justement : « Le processus de conversion ». Le père Standaert présente les sept phases ou éléments de ce processus de conversion à la lumière de l'expérience vécue par quatre convertis chinois. Mais ces sept phases ou éléments sont aussi confirmés par de nombreuses autres recherches sur cette question, tant du point de vue psychologique que sociologique dans des situations multiples et variées. Voici les sept éléments du processus de conversion :

1- Le contexte
2- La crise
3- La quête
4- La rencontre
5- Les interactions
6- L'engagement
7- Les conséquences

1- Le contexte

Selon le père Standaert, « le contexte est la plus englobante des sept phases. C'est le champ de force dans lequel la conversion prend place » (p. 29). Selon les spécialistes de la conversion, on sait que la personne résiste au changement en fonction de son point d'enracinement culturel, sociologique et religieux. Il faut tenir compte de ce point de départ. C'est pour cette raison que, dans la liste de notre oïkos, nous faisons un travail d'identification de la situation spirituelle de la personne que nous voulons évangéliser. De l'expérience de la conversion, émerge un principe très facile à saisir : moins il y a de barrières culturelles, sociologiques, psychologiques et religieuses, plus il sera aisé, pour la personne, de vivre sa démarche de conversion.

Il est donc de notre devoir d'éliminer tous les obstacles non-bibliques pour faciliter cette transition qui, en elle-même, exige beaucoup de la personne. Il faut tout simplement en tenir compte pour comprendre que les résistances à la conversion sont toujours explicables en fonction de ce contexte. Notre mission, en tant que serviteur, est d'identifier ces barrières, d'aider la personne à trouver son équilibre et à bâtir des ponts entre son contexte d'origine et la nouvelle situation de conversion. C'est pourquoi, la pédagogie du « processus d'évangélisation » est un outil pertinent pour nous aider dans cette démarche. Le « Filet » a le grand avantage d'être un excellent outil pédagogique pour accompagner une personne à entrer harmonieusement et sereinement dans cette étape de conversion.

2- La crise

Nous l'avons déjà identifiée. La crise est un moment favorable pour permettre à une personne de « s'engager dans de nouvelles options » (Staendert, p. 31). C'est la raison pour laquelle nous cherchons à être particulièrement attentifs à ces temps ou événements de crise, dans lesquels la personne peut, du point de vue psychologique, faire face à une démarche de conversion. Il faut en mesurer l'intensité et saisir l'occasion d'en faire un point d'appui important pour que la personne rebondisse et entre dans une situation nouvelle remplie d'espérance. Dans le processus d'évangélisation, l'évangélisateur se met au service de la personne qu'il évangélise en répondant à ses besoins particuliers, et plus encore lorsqu'elle traverse cet état de crise. La pédagogie du « Filet » invite l'évangélisateur à tenir compte sérieusement de cette réalité qui favorise l'acte de conversion.

3- La quête

Selon le père Standaert, « la notion de quête prend son point de départ dans le fait que l'être humain cherche à maximaliser le sens de sa vie, à éliminer l'ignorance ou à surmonter son inconsistance » (p. 32). C'est pourquoi, dans le processus d'évangélisation, sont proposées comme temps de dialogue, deux étapes importantes, – le partage et l'explication –, ayant pour but d'aider la personne évangélisée à trouver sens dans l'éventualité d'assumer, par sa conversion, une nouvelle vie chrétienne. Les spécialistes de l'expérience de conversion parlent de la « disponibilité structurelle » de la personne à changer, à vivre un nouvel engagement, à faire face à de nouvelles options. Cette nouvelle situation doit donner sens, cohérence et intégrité à sa vie. Notre témoignage de foi et les explications que nous donnons sont nécessaires pour qu'elle vive cette quête de sens avec harmonie.

4- La rencontre

Il s'agit ici de la rencontre entre l'évangélisateur et l'éventuel converti. Les trois étapes ou éléments précédents (contexte, crise et quête de sens) ne concordent pas toujours chez la personne évangélisée. La relation entre le converti potentiel et l'évangélisateur peut être très complexe. Entre la première rencontre et le moment de la conversion, il peut également y avoir un décalage important dans le temps. Mais selon les spécialistes de l'expérience de la conversion, deux constats étonnants peuvent nous aider. Premier constat : avant qu'une personne ne fasse une authentique démarche de conversion, il faut qu'elle ait rencontré au moins 5 à 7 intervenants différents ou vécu des événements successifs. Deuxième constat : plus une personne résiste aux différentes approches d'évangélisation, plus elle sera fidèle lorsqu'elle se convertira ! Il faut donc considérer les résistances de la personne comme un élément normal et positif. Si la personne résiste, nous l'avons déjà mentionné, c'est qu'elle a des raisons qui ne peuvent être résolues que dans un cheminement s'inscrivant dans la durée. Ces résistances sont souvent l'expression d'une recherche et d'un questionnement intérieurs. Il faut laisser le temps à la personne d'évoluer vers ce qui constituera tôt ou tard un bouleversement majeur.

5- Les interactions

Vivre une expérience de conversion implique un changement d'identité de la personne, un changement dans toutes les dimensions de sa vie. Plus la personne est touchée dans les différentes dimensions de sa vie, plus elle sera en mesure d'adopter cette nouvelle identité, cette nouvelle mentalité ainsi que des comportements nouveaux. Plus la personne est en interaction avec son nouveau milieu et mode de vie, mieux elle pourra vivre la transition qu'implique la conversion. Plus elle intégrera un nouveau style de vie, plus elle développera des relations d'amitié avec son nouveau milieu et pourra y participer et s'y impliquer, mieux elle sera en mesure d'assumer l'écart avec son mode de vie précédent. Si, dans son premier réseau, la personne a des relations nombreuses et significatives, alors qu'on n'a pas été soucieux de développer ces interactions avec son nouveau milieu de vie, il lui sera très difficile de se convertir, étant donné le déracinement que cela supposerait. La rupture serait trop radicale. Dans cette situation, la solution est très simple : poursuivre et renforcer notre relation d'amitié avec la personne en voie de conversion dans un contexte plus élargi, en l'invitant à des activités fraternelles de la cellule. Et même, l'inviter à vivre la rencontre de cellule est une excellente opportunité pour développer ces interactions. Le constat, de toute façon, est assez marquant : plus une personne a des relations d'amitié avec les membres de la nouvelle communauté, plus elle y sera fidèle. Étonnamment, les spécialistes en ont fait la découverte : la durée d'appartenance à une nouvelle communauté est proportionnelle au nombre de relations d'amitié qu'on a en son sein !!

6- L'engagement

Selon le père Standaert, « l'engagement est le couronnement du processus de conversion » (p. 36). La personne est consciente que la conversion implique un acte spirituel d'abandon, de remise de soi entre les mains de Dieu et de la communauté. L'engagement peut être vécu personnellement dans la prière entre l'évangélisateur et le nouveau converti ou dans une liturgie d'incorporation, au sein du petit groupe ou d'un groupe plus élargi. Ce qui est sûr, c'est que la personne impliquée fait un saut important, un plongeon, un acte de foi dont elle se rappellera toute sa vie. L'évangélisateur doit donc mesurer le courage de la personne qui ose se convertir et en être très respectueux. Il cueille, en effet, le fruit de cette démarche avec joie, en sachant qu'il entre dans la terre sacrée et sainte de la conversion.

Il est intéressant de souligner que, selon le père Standaert : « un élément central du processus de conversion est que le converti reconstruit sa mémoire biographique » (p. 36). Cela se vit dans l'acte du témoignage oral ou écrit, lequel permet au nouveau converti de reconstruire son identité et de mieux intégrer cette transformation majeure. La prière de l'évangélisateur et des membres de la cellule est donc essentielle pour que cet acte soit vécu en profondeur dans la grâce et l'action puissante de l'Esprit Saint. La cellule sera heureuse d'accueillir le témoignage de cette personne pour l'aider à poursuivre son chemin de croissance.

7- Les conséquences

« Elles apparaissent en fait tout au long du processus de conversion » (Standaert, p. 37). Dès le départ, le futur converti mesure constamment, à chaque étape du processus, les conséquences d'un changement aussi radical. Le converti discerne, explore, évalue ce qu'implique une telle transformation pour lui-même et pour son milieu d'origine, son contexte. Cet événement peut apporter paix, grâce, signification nouvelle. La conversion peut aussi produire des effets négatifs. Elle peut rester précaire. À l'évidence, elle n'est pas conçue uniquement comme un point d'arrivée, mais aussi comme un point de départ, c'est-à-dire le début d'un cheminement nouveau de croissance dans lequel le converti prend sa part de responsabilité. Il découvre, en effet, que, non seulement l'évangélisateur et l'Esprit Saint ont agi, mais aussi que lui-même a pris part au processus de conversion. Constat étonnant : il est « agent actif dans ce processus de conversion » (Standaert, p. 40). Que l'évangélisateur en prenne conscience est une excellente chose, car il est au service de l'Esprit Saint qui agit au cœur du nouveau converti, celui-ci étant une personne totalement libre, profondément consciente et pleinement responsable de sa décision.

Conclusion

Même si nous avons indiqué le sérieux des facteurs psychologiques et sociologiques du processus de conversion dont il faut tenir compte pour faciliter notre évangélisation, nous savons que l'acte d'engagement du point de vue de la foi chrétienne est d'abord et avant tout le fruit de la grâce du Christ et de l'action puissante et profonde de l'Esprit Saint. C'est pour cela que tout au long du processus d'évangélisation, l'évangélisateur et la cellule d'évangélisation ne cessent de prier en demandant à Dieu de se manifester et de donner à la personne évangélisée la grâce de s'en remettre totalement à Lui dans l'acte de foi. Si nous tenons compte de ces facteurs humains, psychologiques et sociologiques, c'est en vertu même de cette loi de la grâce bien connue qui affirme que « la grâce ne détruit pas la nature, mais l'élève et la parfait ». Tenir compte de ces facteurs naturels, c'est aussi collaborer à l'œuvre de la grâce pour qu'elle se manifeste plus puissamment, avec grande fécondité, dans la durée et atteigne son but ultime : la sanctification.

« **Faites agir votre salut**... »
(Ph 2, 12, trad. litt.)

CONGRÉGATION POUR LE CLERGÉ
DIRECTOIRE GENERAL POUR LA CATECHESE

Le processus de conversion permanente

56. La foi est un don destiné à se développer dans le cœur des croyants. (156) L'adhésion à Jésus-Christ déclenche, en effet, un processus de conversion permanente qui dure toute la vie. (157) La personne qui accède à la foi est comme un nouveau-né (158) qui, petit à petit, grandit et devient un adulte à constituer l'« Homme parfait », (159) à réaliser la plénitude du Christ.

Dans le processus de foi et de conversion, divers moments essentiels sont à souligner du point de vue de la théologie :

a) L'intérêt pour l'Évangile : Le premier moment est celui au cours duquel la première annonce fait naître dans le cœur du non-croyant, de l'indifférent ou du membre d'une autre religion, un intérêt pour l'Évangile, sans qu'il s'agisse encore d'une décision ferme. Ce premier mouvement de l'esprit de l'homme vers la foi, qui est déjà un fruit de la grâce, porte plusieurs noms : « inclination à la foi », (160) « préparation à l'Évangile », (161) inclination à croire, « recherche religieuse ». (162) L'Église appelle ceux qui manifestent cette préoccupation des « sympathisants ». (163)

b) La conversion. Ce premier intérêt pour l'Évangile exige un temps de recherche (164) avant de devenir un choix ferme. L'option pour la foi est une décision qui doit être bien pesée. Cette recherche, sous l'action de l'Esprit Saint et par l'annonce du kérygme, conduit à la conversion qui sera, bien sûr, « initiale », (165) mais qui est déjà adhésion à Jésus-Christ et désir de marcher à sa suite. Cette « option fondamentale » fonde toute la vie chrétienne du disciple du Seigneur. (166)

c) La profession de foi. L'abandon à Jésus-Christ engendre chez les croyants le désir de le mieux connaître et de s'identifier à Lui. La catéchèse les initie à la connaissance de la foi et à l'apprentissage de la vie chrétienne, en favorisant un itinéraire spirituel qui entraîne « un changement progressif de la mentalité et des mœurs », (167) fait de renoncements et de luttes, mais aussi de joies que Dieu donne sans mesure. Le disciple de Jésus-Christ est alors prêt pour une profession de foi vivante, explicite et agissante. (168)

d) Le chemin vers la perfection. Cette maturité initiale, source de la profession de foi, n'est pas la dernière étape du processus permanent de conversion. La profession de foi baptismale est le fondement d'un édifice spirituel destiné à grandir. Le baptisé, toujours animé par l'Esprit, nourri par les sacrements, par la prière et par la pratique de la charité, et aidé par les multiples formes d'éducation permanente à la foi, cherche à faire sien le désir du Christ : « Soyez parfaits comme votre Père céleste est parfait » (Mt 5,48). (169) C'est l'appel à la plénitude adressé à tout baptisé.

---

(156) CT 20a : « Il s'agit de faire grandir, au niveau de la connaissance et dans la vie, la semence de la foi déposée par l'Esprit Saint lors de la première annonce ». (157) Cf. RM 46b. (158) Cf. 1 P 2,2 ; Hé 5,13. (159) Ép 4,13. (160) RICA 12. (161) Cf. Eusèbe de Césarée, Praeparatio evangelica, I, 1 : SCh 206, 6 ; LG 16 ; AG 3a. (162) ChL 4c. (163) RICA 12 et 111. (164) Cf. RICA 6 et 7. (165) AG 13b. (166 Cf. AG 13 ; EN 10 ; RM 46 ; VS 66 ; RICA 10. (167) AG 13b. (168) Cf. MPD 8b ; CEC 187-189. (169) Cf. LG 11c ; 40b ; 42e. (170) Cf. DV 24 ; EN 45.

ANNEXE 6

Lectures conseillées

DOCUMENTS DU MAGISTERE :

Paul VI, Evangelii Nuntiandi, Exhortation apostolique post-synodale sur l'évangélisation dans le monde moderne, 1975.

Jean-Paul II, Christifideles Laici, Exhortation apostolique post-synodale sur la vocation et la mission des laïcs dans l'Église et dans le monde, 1988.

Jean-Paul II, Redemptoris Missio, Lettre encyclique sur la valeur permanente du précepte missionnaire, 1991.

Jean-Paul II, Novo Millennio Ineunte, Lettre apostolique au terme du grand Jubilé de l'an 2000, 2001.

Jean-Paul II, Ecclesia de Eucharistia, Lettre encyclique sur l'eucharistie dans son rapport avec l'Église, 2003.

Benoît XVI, Deus Caritas Est, Lettre encyclique sur l'amour chrétien, 2005.

Benoît XVI, Sacramentum Caritatis, Exhortation apostolique post-synodale sur l'eucharistie source et sommet de la vie et de la mission de l'Église, 2007.

Benoît XVI, Verbum Domini, Exhortation apostolique post-synodale sur la Parole de Dieu dans la vie et la mission de l'Église, 2010.

L'ÉGLISE DE FRANCE :

Les Évêques de France, Proposer la foi dans la société actuelle. Lettre aux Catholiques de France, rapport rédigé par Claude Dagens et adopté par l'assemblée plénière des évêques, préface de Mgr Louis-Marie Billé, Les Éditions du Cerf, Paris, 1996.

Assemblée plénière de l'Épiscopat français, Annoncer l'Évangile aujourd'hui en France, en Europe, Lourdes-1991, Le Centurion, 1992.

Assemblée plénière de l'Épiscopat français, Église Signe de salut au milieu des hommes, Lourdes-1971, Le Centurion, 1972.

L'ÉGLISE DU QUÉBEC :

Assemblée des Évêques du Québec, Évangélisation et culture dans le Québec des années 80, Démarches proposées par l'Assemblée des Évêques du Québec, Coll. : L'Église aux quatre vents, Fides, Montréal, 1983.

Assemblée des Évêques du Québec, Annoncer l'Évangile dans la culture actuelle du Québec, Coll. : L'Église aux quatre vents, Fides, Montréal, 1999.

Assemblée des Évêques du Québec, Proposer aujourd'hui la foi aux jeunes : Une force pour vivre. Document d'orientation, Coll. : L'Église aux quatre vents, Fides, Montréal, 2000.

Comité de recherche de l'Assemblée des évêques du Québec sur les communautés chrétiennes locales, Risquer l'avenir. Bilan d'enquête et prospective, Coll. L'Église aux quatre vents, Fides, Montréal, 1992.

Comité de recherche de l'Assemblée des évêques du Québec sur les communautés chrétiennes locales, Voies d'avenir. Résumé de la recherche, Coll. L'Église aux quatre vents, Fides, Montréal, 1992.

Comité de théologie de l'Assemblée des Évêques du Québec, Mission de l'Église et culture québécoise. Réflexion sur les liens entre foi et culture, Coll. : L'Église aux quatre vents, Fides, Montréal, 1992.

LIVRES :

BARBOTIN, Edmond, Le témoignage, nouvelle édition, Culture et Vérité, 1995.

BESSE, Jean-Pierre, Des cellules de maisons pour l'Église en mission. Manuel pratique, Éditions Ligue pour la Lecture de la Bible, Lausanne, 1996.

CALLENS, Jean-François (Doudou), Évangéliser. Canon 211 (1ère partie), « Petits Traités Spirituels », Série « Vie dans l'Esprit » : 3, Pneumathèque, Nouan-le-Fuzelier, 1992.

CALLENS, Jean-François (Doudou), Évangéliser. Canon 211 (2e partie), « Petits Traités Spirituels », Série « Vie dans l'Esprit » : 7, Pneumathèque, Nouan-le-Fuzelier, 1993.

CANTALAMESSA, Raniero, La vie dans la seigneurie du Christ, Cerf-Médiaspaul, 1997.

CANTALAMESSA, Raniero, Viens Esprit Créateur. Méditations sur le Veni Creator, préf. du cardinal Ratzinger, Éditions des Béatitudes, 2008.

CHARLET, Jean-Pierre, L'Eglise dans les maisons, Bouafle, auteur, 2001, 233p

CHAUTARD, dom J. B., L'âme de tout apostolat, nouv. rédaction par le P. Bernard Martelet, Éditions Saint-Paul, Paris/Fribourg, 1979.

CHENU, Marie-Dominique, « Les communautés naturelles, pierre d'attente de cellules d'Église », 129-143, in : Peuple de Dieu dans le monde, "Foi Vivante" : 35, Éditions du Cerf, Paris, 1966.

CHO, Paul Yonggi, Les cellules de maison et la vie de l'Église, trad. par Jacqueline Plouvier, Éditions Vida, Deerfield-Floride, 1989.

DANIEL-ANGE, La mission. Faire aimer l'amour, Éditions des Béatitudes, 2006.

GIFFARD, Pierre-Alain, Mission intégrale dans l'église locale. Thèse sur la croissance de l'Église à consulter sur le site www.geocities.com.

HORNSBY, Billy, Lorsque les cellules sont le moteur de l'église. Comment récolter une abondante moisson, Éditions EPH, St-Hubert, 2003.

HURSTON, Karen, La plus grande église du monde, Éditions Vida, Deerfield USA, 1994.

MACCHIONI, Giuseppe, Évangéliser en Paroisse. L'expérience des Cellules Paroissiales d'Évangélisation, Nouan-le-Fuzelier, Pneumathèque, 19941, 20092.

MAILLARD, Jean-Baptiste, Dieu est de retour. La nouvelle évangélisation en France, Éditions de l'œuvre, 2009.

MALLISON, John, Animation et gestion des groupes dans l'Église. Guide pratique, Éditions Farel, Marne-la-Vallée, 2000.

MICHONNEAU, Georges, Paroisse, communauté missionnaire, prés. par H.-Ch. Chéry, lettre-préface du Cardinal Suhard, 2e éd. corrigée, "Rencontres" : 21-22, Les Éditions du Cerf, Paris, 1945, « I. La paroisse aux prises avec la mission », 27-62.

MOENS, Jean-Luc, L'évangélisation. Pourquoi ? Comment ?, Éditions de l'Emmanuel, 1998.

MOENS, Jean-Luc, L'imitation de Jésus-Christ missionnaire, Éditions de l'Emmanuel, 2007.

PHILIBERT, Jean, Bienheureuse conversion, Petits Traités Spirituels, Pneumatèque : 10, 1999.

PRADO FLORES, Jose H., Comment évangéliser les baptisés, trad. de Valérien Gaudet, Éditions Anne Sigier/ Éditions du Lion de Juda, Québec/Nouan-le-Fuzelier, 1989.

PRADO FLORES, Jose H., La formation des disciples, trad. de Cathy Brenti, Éditions Anne Sigier/Éditions du Lion de Juda, Québec/Nouan-le-Fuzelier, 1991.

PRADO FLORES, Jose H., Le secret de saint Paul, Éditions des Béatitudes, 1999.

RATZINGER, Joseph, Liturgie et mission, Éditions Tempora, 2007

SCHAERER, Daniel, Pour que vivent les groupes de maison, St. Paul-Trois-Châteaux, Auteur, sd. 40p.

SHALLIS, Ralph, La cellule vivante - L'idée magistrale de Jésus-Christ pour son Église. Fontenay-sous-bois, Farel, 1987. Vol. 1.

SHALLIS, Ralph, La cellule vivante - L'idée magistrale de Jésus-Christ pour son Église. Fontenay-sous-bois, Farel, 1990. Vol. 2.

STANDAERT, Nicolas, L'« autre » dans la mission. Leçons à partir de la Chine, Éditions Lessius, 2003.

ST-PIERRE, MARIO, L'Église en croissance, vol 1 : Les fondements bibliques de la croissance, Éditions Néhémie, 2008.

SUENENS, Léon-Joseph, L'Église en état de mission, préf. de mgr. Montini, 4e éd., Desclée de Brouwer, 1958.

TETTAMANZI, Denis, Allez annoncer l'Évangile en Église vivante, joyeuse et missionnaire, Éditions du Cerf, 2004.

• L'Église des cinq continents. Bilan et perspectives de l'évangélisation. Principaux textes du Synode des évêques. Rome, septembre-octobre 1974, préf. du cardinal François Marty, prés. et trad. de Jacques Potin et Charles Ehlinger, Paris, Le Centurion, 1975.

• Appelés à évangéliser. Deuxième retraite sacerdotale mondiale, Rome, 1990, Collection Chemin Neuf, Pneumatèque, 1992.

• Sainteté et nouvelle évangélisation. Rencontre spirituelle et théologique 1992. Centre Notre-Dame de Vie, Éditions du Carmel, Venasque, 1993.

• Enquête sur la nouvelle évangélisation, sous la direction de Frédérick Aimard et Samuel Pruvot, Le Sarment, 2002.

• Si Dieu donne son salut à tout homme, pourquoi évangéliser ? Post-modernité et nouvelle évangélisation, Actes du colloque de Rome du 5 au 8 février 2006, présenté par Jean-Luc Moens, Éditions de l'Emmanuel, 2007.

• Disciples missionnaires de Jésus-Christ pour que nos peuples aient la vie en Lui, 5e Conférence générale de l'épiscopat latino-américain et des Caraïbes, Aparecida, Discours et homélie du Saint-Père Benoît XVI, préf. De mgr. Olivier de Berranger, prologue de mgr. Marc Stenger, Bayard-Cerf-Fleurus-Mame, 2008.

• Paroisses et nouvelle évangélisation. L'apport des mouvements ecclésiaux et nouvelles communautés, Actes du 4e colloque de Rome, présenté par Jean-Luc Moens, Éditions de l'Emmanuel, 2009.

POUR DÉCOUVRIR LES FONDEMENTS BIBLIQUES DES CELLULES-MAISONS :

ANTOINE, Louis, Le chemin, c'est la demeure. Le problème de la Mission aujourd'hui, Collection "Lumière des Hommes", Les Éditions Ouvrières, Paris, 1973.

BAGATTI, Bellarmino, « Capharnaüm », in : Le Monde de la Bible, 27, 1983, 8-16.

BRANDT, Pierre-Yves et Alessandra Lukinovitch, « oikos et oikia chez Marc comparé à Matthieu et Luc », Biblica 78, 1997, p. 525-533.

CHENU, Marie-Dominique, « Les communautés naturelles, pierre d'attente de cellules d'Église », 129-143, in : Peuple de Dieu dans le monde, "Foi Vivante" : 35, Éditions du Cerf, Paris, 1966.

DAVIS, W. D., et Allison, Dale C., A Critical and exegetical commentary on the Gospel according to Saint Matthew, vol. 2, Edinburgh, T&T Clark, 1988, en part. Sur l'oikos : 33-34, 99-100.

ELLIOTT, John H., « Temple versus Household in Luke-Acts : A Contrast in Social Institutions », in : Jerome H. Neyrey, éd., The Social World of Luke-Acts, Peabody, Hendrickson, 1991, p. 211-240.

ESLER, Philip F., Community and Gospel in Luke-Acts. The Social and Political Motivations of Lucan Theology, (Society for New Testament Studies. Monograph Series 57), Cambridge, Cambridge University Press, 1987, p. 131-163.

GREEN, Michael, L'Évangélisation dans l'Église primitive. Le développement de la mission chrétienne des origines au milieu du troisième siècle, Éditions Emmaüs, Saint-Légier (Suisse)/Éditions des groupes missionnaires, Annemasse (France), 1981.

HAMMAN, Adalbert G., La vie quotidienne des premiers chrétiens (95-197), 3e édition revue et corrigée, Hachette, Paris, 1971, « Deuxième Partie. Chapitre premier. La contamination de la foi », 71-94, notes, 273-275.

KLAUCK, Hans-Josef, Hausgemeinde und Hauskirche im frühen Christentum (Stuttgarter Bibelstudien 103), Stuttgart, KBW, 1981, p. 15-20

MALBON, Elizabeth Struthers, « TH OIKIA AUTOU : Mark 2.15 in context », in : New Testament Studies, 31, 1985, 282-292.

MATSON, David L., Household Conversion Narratives in Acts. Pattern and Interpretation (Society for New Testament Studies. Monograph Series 123), Sheffield, Sheffield Academic Press, 1996.

MICHEL, Otto « oikos, oikia, oikeo », in : Theological Dictionary of the New Testament, ed. By Gerhard Friedrich, Translator and Editor : Geoffrey W. Bromiley, vol. V, WM. B. Eerdmans Publishing Company, Michigan, 119-159.

MYRE, André, « Jésus avait-il une maison », in : « Où demeures-tu ? » (Jn 1, 38). La maison depuis le monde biblique, Édité par Jean-Claude Petit avec la coll. d'André Charron et André Myre, Fides, Montréal, 1994, 305-322.

RAVAROTTO, Efrem, « La 'casa' del vangelo di Marco è la casa di Simone-Pietro ? », in : Antonianum, 42, 1967, 399-419.

SCHMIDT, M. A et K. L., « paroikos, paroikia, paroikeo », in : Theologisches Wörterbuch zum Neuen Testament, T. V, hrsg. von Gerhard Kittel, 2e Bd, Verlag von W. Kohlhammer, Stuttgart, 1935, 840-852.

ANNEXE 7

Index des références bibliques

Notes du rédacteur :

• Toutes les citations bibliques sont tirées de la TOB, sauf lorsqu'elles sont indiquées par la mention « trad. litt. » qui signifie : « traduction littérale ».

• Dans cet index biblique, l'astérisque unique [*] indique que nous avons fait référence à la Bible sans citation en utilisant le « Cf. », l'astérisque double [**] indique une « trad. litt. ».

TABLE DES MATIÈRES

QUATRIÈME SESSION

CINQUIÈME SESSION

SIXIÈME SESSION

SEPTIÈME SESSION

HUITIÈME SESSION

Aussi disponibles aux Éditions Néhémie :

Les huit défis du leader

Guide d'accompagnement

Don Gian Matteo Botto

Le Système des Cellules Paroissiales d'Évangélisation (SCPÉ) offre pour le renouveau de l'Église dans la nouvelle évangélisation une vision de croissance et de multiplication :

« La Parole de Dieu croissait et se multipliait » (Ac 12, 24)

Dans cette vision fondée bibliquement, le défi ne repose pas uniquement sur l'évangélisation et la rencontre hebdomadaire, mais aussi sur la formation de leaders qui se multiplient. Pour encourager cette multiplication, nous découvrons de plus en plus l'importance de l'accompagnement personnel des leaders et de leurs co-leaders.

Ce guide d'accompagnement permet aux leaders de mettre en pratique huit habitudes évangéliques qui ont été identifiées à partir d'une recherche internationale et qui favorisent la croissance et la multiplication de cellules d'évangélisation. La pédagogie privilégie à la fois le travail personnel, simple et allégé au rythme du quotidien, la préparation de la rencontre personnelle avec l'accompagnateur-forma teur et la mise en pratique dans la vie quotidienne.

SOMMAIRE

- Le leader prie
- Le leader rêve
- Le leader prépare
- Le leader contacte
- Le leader forme et accompagne
- Le leader invite
- Le leader favorise l'amitié
- Le leader est en croissance

Année : 2010
ISBN : 978-2-9810575-2-5
Pages : 144

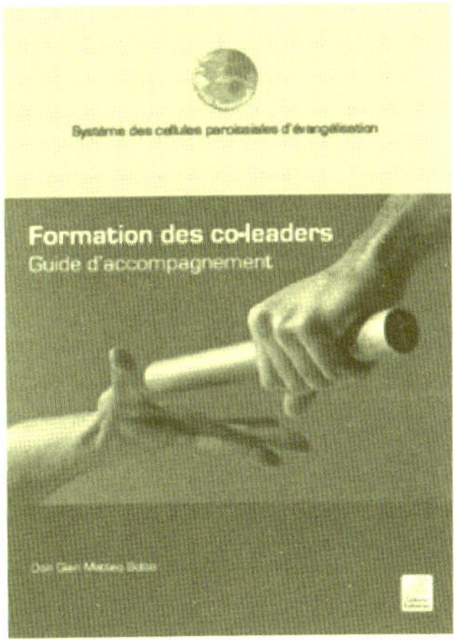

Formation des co-leaders

Guide d'accompagnement

Don Gian Matteo Botto

Le Système des Cellules Paroissiales d'Évangélisation (SCPÉ) offre pour le renouveau de l'Église dans la nouvelle évangélisation une vision de croissance et de multiplication :

« La Parole de Dieu croissait et se multipliait » (Ac 12, 24)

Dans cette vision fondée bibliquement, le défi ne repose pas uniquement sur l'évangélisation et la rencontre hebdomadaire, mais aussi sur la formation de leaders qui se multiplient. Pour encourager cette multiplication, nous découvrons de plus en plus l'importance de l'accompagnement personnel des leaders et de leurs co-leaders.

Ce guide d'accompagnement est le premier d'une série qui permettra d'appliquer et de mettre en pratique cette réalité biblique de la multiplication. La pédagogie privilégie à la fois le travail personnel, simple et allégé du co-leader au rythme du quotidien, la préparation de la rencontre personnelle avec le leader qui agit en tant qu'accompagnateur et la mise en pratique dans l'expérience de la rencontre de cellule.

La formation aborde chacun des moments de la rencontre de cellule et les répartit sur cinq semaines.

SOMMAIRE

- La louange
- Le partage
- L'enseignement, l'approfondissement et les annonces
- La prière d'intercession
- La prière de guérison, la conclusion et les services en cellule

Année : 2009
ISBN : 978-2-9810575-1-8
Pages : 94

Les fondements bibliques de la croissance

... au service de la nouvelle évangélisation

Mario St-Pierre

Ce premier volume d'une collection de dix sur « L'Église en croissance » vient combler une lacune importante dans le domaine de la théologie pastorale. Il présente pour la première fois dans le monde catholique une réflexion unique et novatrice, organique et synthétique au sujet de la nouvelle évangélisation.

La première partie de cet ouvrage s'élabore autour du concept de nouvelle évangélisation promu par Jean-Paul II tout au long de son pontificat. Elle montre comment il s'enracine dans l'enseignement du Concile Vatican II avec la notion de témoignage et se déploie dans l'exhortation *Evangelii Nuntiandi* de Paul VI (L'évangélisation dans le monde moderne). Voici le sommaire de cette première partie :

LE CONTEXTE THÉOLOGIQUE
- Le concile Vatican II : contempler l'Église en croissance
- Le concile du « témoignage »
- Le synode sur l'évangélisation en 1974
- La théologie de la « nouvelle évangélisation »
- Théologie pastorale et missiologie

À partir de ce contexte théologico-pastoral, la seconde partie explore les nombreuses dimensions bibliques et ecclésiologiques de la croissance. Voici le sommaire de cette seconde partie :

LES FONDEMENTS BIBLIQUES ET THÉOLOGIQUES DE L'ÉGLISE EN CROISSANCE
- Herméneutique de l'Église en croissance
- L'Église en croissance dans les Actes des Apôtres
- L'Église en croissance dans les lettres de Paul
- Le mystère de l'Église en croissance dans la lettre aux Éphésiens
- L'Église en croissance dans la révélation biblique
- L'Église en croissance selon le Concile Vatican II
- Marie, Mère de l'Église en croissance

Année : 2008
Collection : L'Église en croissance
ISBN : 978-2-9810575-0-1
Pages : 284